眠れないほど面白い
日本の「聖地《パワー・スポット》」

並木伸一郎

三笠書房

はじめに――神々が鎮座し、信仰が息づく日本の「聖地《パワー・スポット》」のすべてがわかる本!

〝目に見えないモノ〟については、とかく「迷信」だとか「気のせい」だと、一蹴されてしまうことが多い。

しかし、その場に身を置くだけでエネルギーがチャージされ、開運していく場所がある。いわゆる**〝パワースポット〟、すなわち「聖地」**である。

日本は〝八百万《やおよろず》の神〟が息づく国とされる。

〝すべての日本人の祖〟とされるアマテラス大御神《おおみかみ》を祀る伊勢神宮、「因幡《いなば》の白兎」「国譲り」神話の息づく出雲大社、「天孫降臨」の地とされる高千穂など、『古事記』

『日本書紀』にその創建・由来が記された聖地には、深い神秘性が息づく。

また、日本の国土は七〇％が山岳地帯だ。鬱蒼《うっそう》と木々の茂る深山、苔むした巨木・巨岩にも、日本人は神の存在を感じ、その神秘性に畏敬の念を抱き、崇《あが》めてきた。

本州の中央は太い山脈が連なるが、そこには有数の聖地が存在する。役行者《えんのぎょうじゃ》、空海といった傑出した霊能力者・宗教家が修行・開山した吉野、高野山、熊野——これらの山岳霊場を抜きにして日本の聖地は語れない。

そして、〝怨霊封じ〟のために結界が張られた京都、〝高天原《たかまのはら》〟発祥の地とされる幣《へい》立《たて》神宮など、日本には摩訶不思議な地が数多くある。


日本有数のパワースポットとされる伊勢神宮を参拝した際、雄々しく乱立する木々の下に立ち、そこにみなぎるパワーを全身に感受した体験を、筆者は忘れることができない。日光や熊野のような聖地もまたしかりだ。

それらの土地の発するエネルギーを感じると、まさしく「神が鎮座する場所だ」「やはり、日本は神に護《まも》られている」と思わずにはいられない。

本書では、伊勢神宮、出雲大社はもちろんのこと、世界遺産に登録された霊峰・富士、紀伊山地の霊場、かつては女人禁制であった羽黒山まで、神々が鎮座し、信仰が息づく選りすぐりのパワースポットを紹介したい。

そして、筆者独自の情報網から収集した古代遺跡とUFO飛来にまつわる異次元空間、聖地をめぐる都市伝説もたっぷりと紹介していく。

また巻末には、「目に見えない世界」に通じる力をもつ、〝エスパー小林〟こと小林世征《としまさ》氏との対談も収録した。まだ知られていない強力なパワーを放つ聖地、そして「行ってはいけないパワースポット」など、氏ならではの興味深い見解をお楽しみいただきたい。

では、太古の昔から日本人が畏敬をもって訪れ、心を浄《きよ》めてきた「聖地」を巡る旅に出かけよう。

並木伸一郎

◎もくじ

2章

天孫降臨——
こうして〝神々の舞台〟は地上に移された
……神話と伝承が息づく地・九州に残されたパワースポット

3章
山岳霊場――日本屈指の霊能力者たちの偉大な足跡
……吉野・高野山・熊野――「信仰の山」はこうして生まれた！

4章 魔界都市――京都に張り巡らされた〝結界〟の謎
……〝千年の都〟を護り続けてきた驚くべき呪術性

5章

鎮魂と浄化——
東北・関東を鎮護する「霊山と聖地」

……なぜ日本人はこの地に「聖なるもの」を見たのか

本文写真提供◎アマナイメージズ、共同通信社、フォトライブラリー、天河大弁財天社、霧島東神社、金峯山寺、島根県立古代出雲歴史博物館、神宮徴古館、湯殿山総本寺瀧水寺大日坊
編集協力◎宇都宮ゆう子　川上純子

この本で紹介する聖地《パワー・スポット》

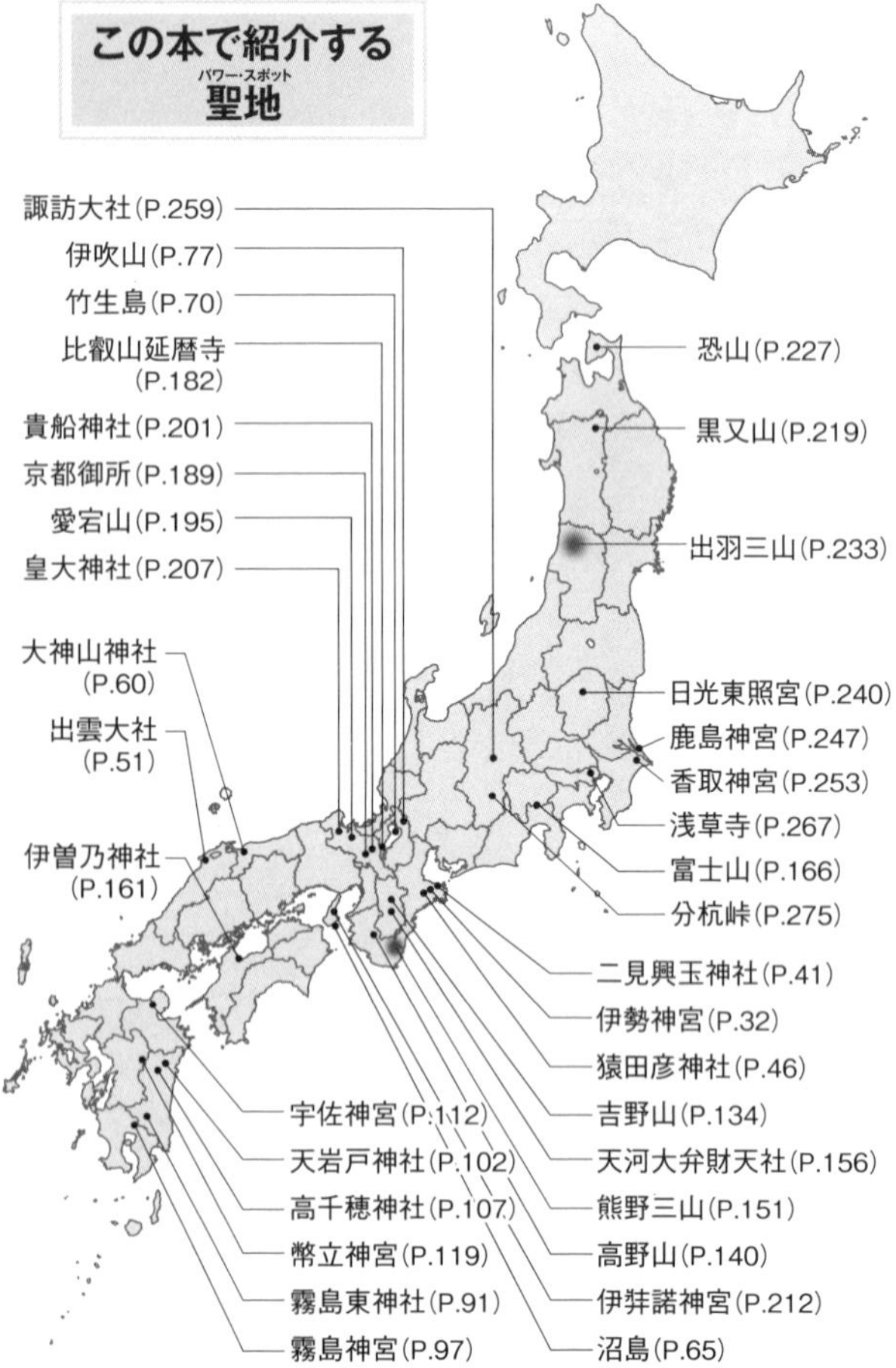

プロローグ

やはり日本は〝神のパワー〟に護られていた！

アマテラス、スサノオ、オオクニヌシ――神々はこうして「日本の骨格」を造った！

さて、「日本の聖地」について、その奥深い魅力、霊験、パワーを知るためには、まず、我が国の成り立ち、すなわち「日本神話」の概略を知ることが欠かせない。

『古事記』や『日本書紀』に記された、誰もが一度は見聞きしたことのあるイザナキノ神・イザナミノ神による「国生み」から、アマテラス大御神・スサノオノ命《みこと》姉弟の確執、「ヤマタノオロチ伝説」「因幡の白兎伝説」、オオクニヌシノ神の「国譲り伝説」について知る必要があるのだ。

なぜなら、これらを知ることは、日本の聖地の中でも別格の崇敬を集める「伊勢神宮」と「出雲大社」をはじめ、全国に八万社ある神社の由来、縁起を知ることにつながるからである。

そこで、プロローグでは、この日本神話の概略を簡単に紹介していこう。

◇イザナキとイザナミの「国生み」

天と地が初めて分かれたときに、高天原《たかまのはら》の神々（天津神《あまつかみ》）から、国土を造るよう命じられ地上へと下ったのが、**男神イザナキ**と**女神イザナミ**である。

二人が神々から授けられた矛《ほこ》を持ち、まだ混沌としていた地上をかきまぜると、その矛からしたたり落ちた雫が積もって、島となった。その島へ二人は降り立つと、夫婦の交わりをし、日本列島となる国土を次々と生んでいった。

これが**「国生み」**伝説である。

◇アマテラス、ツクヨミ、スサノオの誕生

地上に降り立って以来、国土と神々を生み続けていたイザナキとイザナミだったが、イザナミは火の神・カグツチノ神を生んだときに陰部を大火傷し、命を落とす。

愛しい妻をこの世に連れ戻そうと、イザナキは地下にある穢《けが》れた黄泉《よみ》の国へと降りていった。

しかし——イザナミはすでに、体中にウジがたかる醜い死者の姿と化していたのである。それを見て恐れをなしたイザナキは、命からがら、地上へと逃げのぼると、川に入り身を清める御祓《みそぎ》をする。

その御祓によって、イザナキは多くの神々を生み出すのだが、最後に誕生したのが女神の**アマテラス大御神**、男神の**ツクヨミノ命**、**スサノオノ命**の三神だった。

三柱《みはしら》の神々の姿を見て、イザナキは「私は最後に三柱の尊い子を得た」と喜び、アマテラスには「高天原」つまり天上を、ツクヨミに「夜の国」を統治するよう言いつけた。そして、スサノオが治めるよう言いつかったのは「海原」だ。

◇スサノオの〝ヤマタノオロチ退治〟

しかしスサノオだけは、なぜか成長しても泣き続けるばかり。治めるべき海原は荒れ、悪霊が暴れ出していた。

「日本の始祖」ともいえる神々の系譜

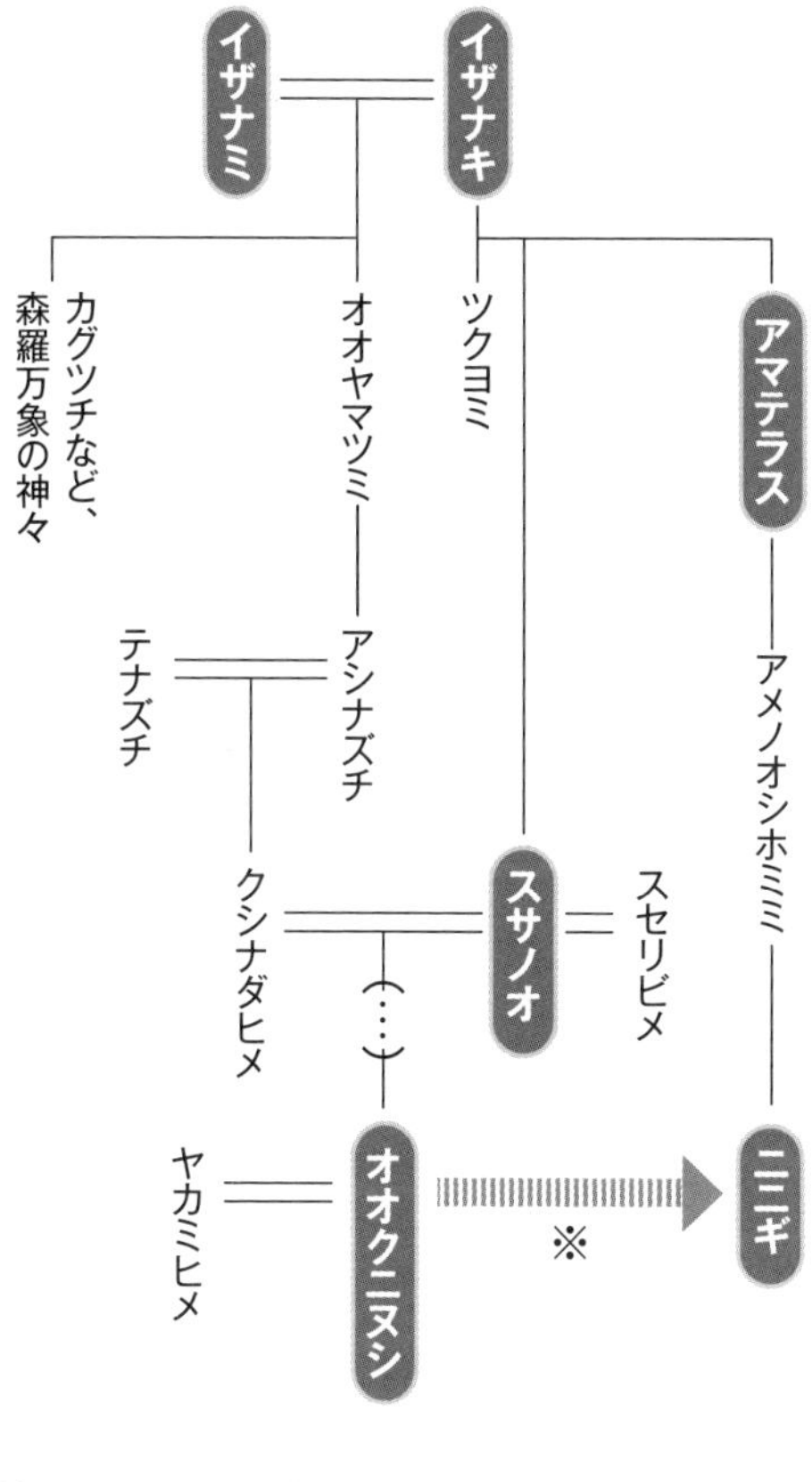

※国津神オオクニヌシは、天孫ニニギに葦原中国の全権を譲った（国譲り）

ヤマタノオロチと戦うスサノオ。
暴れん坊が一躍ヒーローに（古代出雲歴史博物館蔵）

困りきったイザナキが涙の理由を聞くと、「母のいる黄泉の国に行きたい」という。イザナキは「それならば出て行け」と、スサノオの天津神の身分を剥奪し、葦原中国《あしはらのなかつくに》（地上）から追放する。

スサノオは一時、アマテラスの治める高天原に身を寄せるのだが、神聖な神殿を汚したり、機織《はたおり》の娘を死に至らしめたりと狼藉《ろうぜき》をはたらく。

これに怒ったアマテラスは、岩戸に引きこもった。すると世界は闇に包まれたが、**アメノウズメノ命**が舞を踊るなど、神々が賑やかな宴をしている様子に気をひかれたアマテラスは、岩戸から少し顔を覗かせた。

そこで、神々が「こちらに、あなたより尊い神様がいらっしゃったのですよ」と言い、鏡（三種の神器の一つである八咫鏡《やたのかがみ》・伊勢神宮内宮《ないくう》のご神体）を差し出すと、それをよく見ようとアマテラスは岩戸の外に姿を現わし、世界には再び光が戻った。

スサノオはこの騒動の処分として、高天原をも追放され、地上の出雲国に降り立った。

ここで出会ったのが、八つの頭をもつ大蛇**「ヤマタノオロチ」**に苦しめられる「国津《くにつ》神《かみ》」（葦原中国を治める神々）たちだ。スサノオは、国津神の娘を嫁にもらうことを条件に、ヤマタノオロチを倒す。

このとき、倒した大蛇の尾から出てきたのが、後に「三種の神器」の一つとなる天叢《あめのむら》雲剣《くものつるぎ》**（草薙《くさなぎ》の剣）**だ。ちなみに、この剣は愛知県の熱田神宮のご神体として現在も祀られている。

この奥に、天叢雲剣が祀られているという（熱田神宮）

そののちスサノオは出雲にとどまり、須賀の地に宮を建て、妻・クシナダヒメの父である国津神・アシナズチに、この地を支配させることにした。

◇「因幡の白兎」伝説とオオクニヌシ

このスサノオの六代後の子孫となるのが、オオクニヌシ（オオアナムチノ神）だ。オオアナムチには、たくさんの兄神がいた。あるとき、兄神たちは因幡国のヤカミヒメに求婚するために、連れ立って出かけた。しかし、傲慢な兄神たちはオオアナムチにだけ重い荷物を持たせ、先に行ってしまう。

少し遅れてオオアナムチがヤカミヒメのもとへ向かっていると、気多《けた》岬の砂浜に丸裸の兎が倒れていた。聞くと、自業自得とはいえ、ワニを挑発して襲われ皮を剝がれたというのだ。可哀想に思ったオオアナムチは、兎に手厚い看護を施す。毛並みが元通りになった白兎は深く感謝し、「ヤカミヒメをめとるのは、あなたですよ」との予言を残す。これが有名な**「因幡の白兎」**伝説だ。

白兎の言った通り、ヤカミヒメが夫に選んだのはオオアナムチだった。兄神たちは激怒し、その帰路でオオアナムチを殺してしまう。

オオアナムチは母神の蘇生によって生き返るが、母神の助言で、スサノオのいる根《ね》の堅洲国《かたすくに》（地の底にあるとされる異郷）に逃げることにした。

根の堅洲国に到着したオオアナムチは、スサノオの娘であるスセリビメを見初め、即座に結ばれた。

ある夜、オオアナムチはスサノオが眠っている間に、スサノオの髪を柱にしばりつけ、スセリビメを背負って逃げ出した。それに気付いたスサノオは「お前が地上の神となって、オオクニヌシノ神（大国主神）と名乗り、国を治めよ」と叫ぶ。

こうしてオオクニヌシは地上の神、日本の国土に土着する神（国津神）として君臨することとなった。

◇オオクニヌシに「国譲り」を迫ったアマテラス

オオクニヌシは地上で複数の妻をもち、多くの種をまき、多くの子をもうけ、豊か

地上を治めるための神勅を下すアマテラス
（今野可啓画・神宮徴古館蔵）

に国を発展させていった。

その様子を見たアマテラスは、「そもそも、地上は私の父母・イザナキとイザナミが生んだもの。本来、私たち天津神が治めるべきなのではないか」と感じるようになる。

そこで高天原の神を集結させると、「瑞穂の国（地上）は、我が子が治めるものである」と宣言。

その協議の結果、遣いの神を二度に渡って葦原中国へ送り込むが、いずれの神もオオクニヌシに懐柔されてしまう。最後に**タケミカズチノ神**を、**アメノトリフネノ神**とともに遣いにやり、葦原中国を譲るよう、オオクニヌシに力強く迫った。

オオクニヌシの子・**タケミナカタノ神**はこ

れに抵抗し、タケミカズチに力比べを申し込むが、完膚《かんぷ》なきまでに敗れてしまう。こうして、葦原中国はアマテラス率いる高天原の神々に譲られることになった。

これが**「国譲り」**である。

◇「出雲大社」創建の秘密

「国譲り」の際、オオクニヌシはこんなお願いをしている。

この国を献上するのと引き替えに、高天原の神が住む宮殿と同じように、地底の岩盤に届き、高天原に届くほど高い宮柱を持った神殿を造ってほしい。そうして祀ってくれるならば、自分は黄泉の国に身を隠す、と。

自ら、黄泉の国の者となる——その言葉の意味するところは、敗者となることを受

せっかく造った国をアマテラスに
献上することになったオオクニヌシ
（出雲大社）

け入れ〝自ら命を絶つ〟ことにほかならない。

高天原の神々は、言われた通り、出雲の多芸志《たぎし》の小浜に神殿を造り、オオクニヌシを祀った。これが現在の**「出雲大社」**である。


もうおわかりだろう。

伊勢神宮などに祀られているアマテラスを頂点とし、天上界である「高天原」に住む「天津神」たち。

出雲大社などに祀られているオオクニヌシを頂点とし、地上の世界である「葦原中国」を統治していた「国津神」たち。

実は**日本神話とは、この「天津神」と「国津神」という神々の〝二大勢力〟の対立の記録**なのだ。

◇天孫降臨──ニニギはこうして地上に降り立った

こうして地上の全権は、**アマテラスの孫・ニニギノ命**へと譲られることになった。

アマテラスの直系の子孫であるという初代天皇・神武
（野田九浦画・神宮徴古館蔵）

アマテラスはニニギに八咫鏡を渡し、自らの形代《かたしろ》として祀ることを命じると、出発させることにした。

アマテラスが地上を見下ろすと、天下る道へと到る辻に、光り輝く一人の神が立ちはだかっている。そこで、アメノウズメノ命がその不審な神の様子を見に行くこととなった。

すると、辻に立つ男神はこう言った。

「自分は国津神で、名は**サルタビコノ神**であります。天津神の御子が下ると聞いて、道案内に参りました」

ニニギ一行は、このサルタビコに先導されながら、幾重にもたなびく雲を押し分け、道を開き分けて、地上へと降り立った。

こうして**「天孫降臨」**したニニギの子孫たちが、現代まで続く天皇家となり、真に地上の支配者となっていく。そして、アマテラスは**「皇祖神《こうそしん》」**――皇室の祖である絶対的な神として、称えられるようになる。

以上が、『古事記』に記された「国生み」から「天孫降臨」までのあらましである。

この「神代の物語」を頭に入れた上で、次章以降を読み進み、またその地を訪れることで、パワースポットの霊験をより深く感得することができるはずである。

1章

永遠の聖地——「伊勢神宮」と「出雲大社」の謎

……なぜ、これほどまでに「この地」に惹かれるのか

伊勢系(天津神)と出雲系(国津神)
――日本の神々の二大源流

日本全国の神社を統括する神社本庁によって、**「本宗《ほんそう》」**と仰がれている**伊勢神宮**。これは、八万社を数える我が国すべての神社の中で、伊勢神宮こそが最も尊い宮であると位置づけられていることを意味する。

この伊勢神宮への〝別格〟の信仰は、古《いにしえ》より連綿と続くものだ。

江戸時代には「お蔭参り」として一大ブームが起こり、日本中の庶民たちによって「せめて一生に一度」とうたわれたほど特別に広く拝まれ、親しまれてきた。

また現在でもなお、時の内閣総理大臣は、新年に伊勢神宮を参拝することが恒例となっているのである。

日本人にとっての「永遠の聖地」――そういってよいほど、伊勢神宮がこのように崇敬されるのはなぜかといえば、皇室の祖である最高神、アマテラス大御神を祀っているからにほかならない。

そして、アマテラスと対照的な、日本のもう一柱の神が、出雲大社に祀られるオオクニヌシノ神だ。

オオクニヌシは、天孫降臨以前の日本を治めていた土着の「国津神」であったが、アマテラスら天上の「天津神」に迫られ降伏し、国を譲ったことはプロローグで述べた通りだ。

◆神無月でも〝出雲に結集しない〟神とは？

さて、「日本全国のすべての神々は、毎年旧暦の十月になると出雲の地に集まり、国中の人々の縁結びについての話し合いをする」と伝えられている。

そのため、十月のことを神無月《かんなづき》（出雲の地では神在月《かみありづき》）というのだが、ここで一つ、気を付けていただきたいことがある。

それは、この出雲に結集する神々が、言葉通りの「すべての神々」ではない、ということだ。

伊勢神宮のアマテラスら「天津神」が、自らの宮を離れてまで、わざわざ出雲を訪れることがあるだろうか？　かつて「国譲り」を迫り、黄泉の国へ追いやったオオクニヌシを祀る地を、だ。

つまり、先ほどの神無月について、言葉を省かず正確に述べるなら、

「天津神を除いた、オオクニヌシと同じ『国津神』のすべての神々は、毎年一度必ず、出雲の地に集まる」

というべきなのである。

しかし、このように単純に「すべての神々は……」と言い伝えられたのは、その省略された部分が、古の日本人にとっては〝言わずもがな〟の暗黙の了解であったからではなかったか。

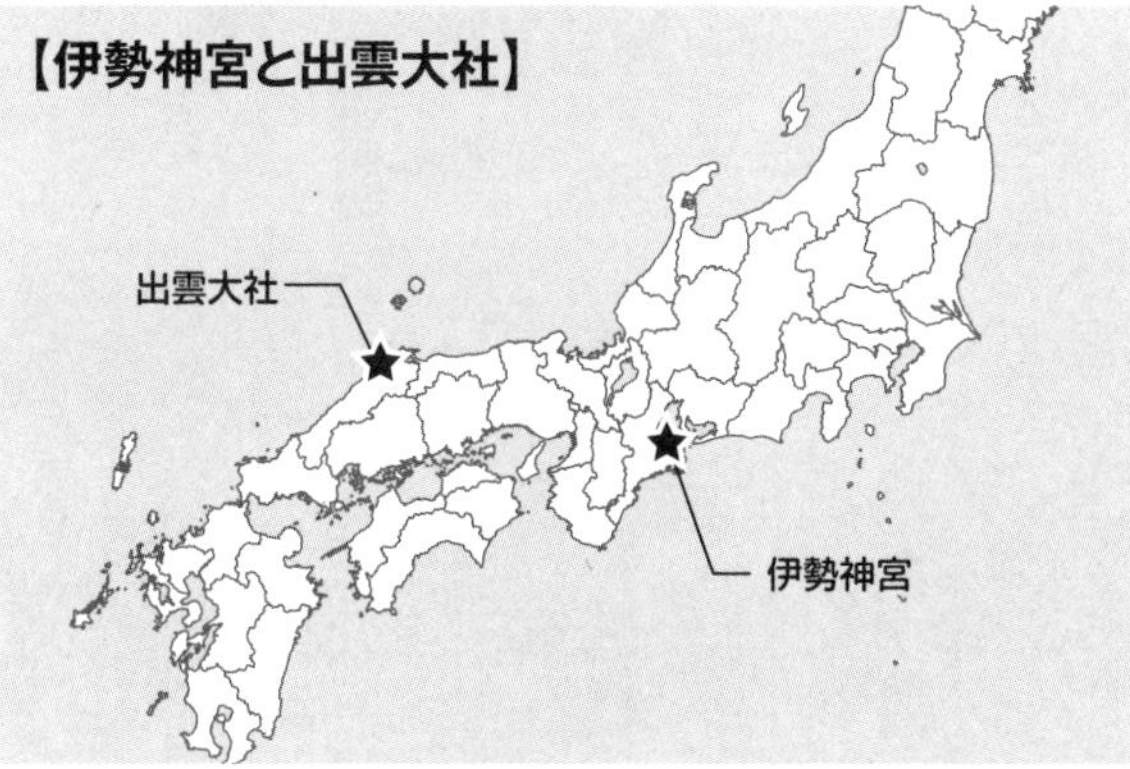

日本の神々は力強い“伊勢系”と大らかな“出雲系”に大別される

このように、日本の神々は「伊勢系」と「出雲系」の二つの系統に分けられる。

そして、征服者である「伊勢系」の神々は洗練され力強く、被征服者である土着の「出雲系」の神々は大らかで素朴な性質を持っている、と述べる研究者もいる。

本章では、日本を代表する聖地・伊勢神宮、出雲大社をはじめ、日本神話を彩る神々を祀る、強いパワーを秘めた聖地を紹介していこう。

伊勢神宮［いせじんぐう］

三重県伊勢市

太陽神アマテラスを祀る
〝永遠の聖地〟

最高神である女神・アマテラス大御神を祀る伊勢神宮。強大な〝陽〟の霊力の影響で多数のパワースポットが存在する。「皇族ですら奥まで入ることが許されない」という〝聖域〟には、いったい何が隠されているのか……。

（写真は内宮・宇治橋）

「お伊勢さん」の名前で親しまれる伊勢神宮の正式名称は**「神宮《じんぐう》」**という。
シンプルなこの名称は、全国の神社の最高峰に君臨する権威を象徴しているともいえる。

伊勢神宮が祀る御祭神は、日本国民の大御《おおみ》親神《おやがみ》アマテラス大御神。

『古事記』によると、黄泉の国から戻ったイザナキノ神が御祓をした際に清めた左目から誕生した女神だ。その後イザナキから天界の統治を命じられ、最高神として君臨する。女神は太陽神でもあった。

弟・スサノオノ命の狼藉に怒り、失望し、天岩戸《あまのいわと》に隠れたために世界が闇に包まれたという「天岩戸伝説」は、一度は耳にしたことがあるだろう。暗闇となった世界には、あらゆる悪霊や災厄が跋扈《ばっこ》するようになる。

しかし、神々たちが岩戸の外で賑やかに宴をしている声に気をひかれ、差し出された鏡（八咫鏡）に映る自らの姿を、宴で称えられている尊い神だと思ったアマテラスが岩戸から出たことによって、それらは消滅する。

アマテラスのもつ〝陽〟の霊力は強大だ。実は、この八咫鏡は、アマテラスの霊魂として、第十代崇神《すじん》天皇の御代までは宮中で祀られていたのだが、その神威のあまりの強さに、よりふさわしい鎮座地を探すこととなり、皇女トヨスキイリビメノ命に託して笠縫邑《かさぬいのむら》に祀られることになった。

次いで第十一代垂仁《すいにん》天皇の皇女ヤマトヒメが鎮座地探しを託され、各地を旅したあと伊勢にたどり着くと、

「この神風吹く伊勢の地は、常世からの波が打ち寄せる地。都からは離れているが素晴らしい土地だ。ここに居ようと思う」

というアマテラスの託宣が下され、建てられたのが伊勢神宮（内宮《ないくう》）だという。

❖参拝ルートが「外宮」→「内宮」なのはアマテラスのご要望

さて「神宮」は、伊勢の宇治の五十鈴川《いすずがわ》の右岸に位置し、アマテラスを祀る皇大神宮《こうたいじんぐう》（内宮）と、伊勢の山田の原の麓でトヨウケノ神（トヨウケ）を祀る豊受大神宮《とようけだいじんぐう》（外宮《げくう》）の両正宮《しょうぐう》から成る。

外宮の「正宮」――アマテラスのお告げによってトヨウケを祀る

トヨウケは、アマテラスの食事をつかさどる御饌津神《みけつかみ》。五穀豊穣の神徳をもつとされる。社伝によると、外宮の宮がこの地に建てられたのは、内宮が五十鈴川上流に鎮座してから、約五百年後とされる。

第二十一代雄略《ゆうりやく》天皇の夢の中に、アマテラスが現われて神託を授け、丹波国《たんばのくに》から、内宮にほど近い山田の原にトヨウケを迎えることになったという。

このとき、アマテラスは、

「我が祭りに仕え奉る時は、まず豊受の神の宮を祭り奉るべし、しかる後に我が宮の祭り事を勤仕《つかえまつる》べし」

とも重ねて命じられた。

古くから参拝ルートが「外宮」から「内宮」

というのは、アマテラスのご要望なのである。

❖外宮（豊受大神宮）――アマテラスの食事を担当

さて、八九ヘクタールと広大な神域をもつ外宮は、その中に数社の別宮も有する。まず、表参道から火除橋《ひよけばし》を渡り、手水舎《てみずしゃ》で心身を清めたら、向かってほしいのが「正宮」だ。第一鳥居、第二鳥居をくぐり、道なりに進むと荘厳なオーラをまとう社殿が見えてくる。

ここでは参拝にきたご挨拶や、「神様への感謝の気持ち」のみを述べること。個人的なお願いをするのはタブーとされている。願い事がある場合は、「多賀宮《たかのみや》」に告げるのがよいという。

多賀宮は、トヨウケの荒魂《あらみたま》を祀る別宮である。そのぶんパワーも絶大で、自分の願いを述べると、大地のエネルギーや「運命の土台」が授けられるという。「外宮最大のパワースポット」と称するスピリチュアリストも多い。

そして「土宮《つちのみや》」、「風宮《かぜのみや》」の順に参拝する。筆者が気に入っているのは、風宮だ。こう称されているのは、鎌倉時代の元寇《げんこう》の際〝神風〟を起こした神を祀っていると伝えられているからで、ピンチのときは邪を追い払い、助力が必要なときは背中に追い風を吹かせる、そんな気にさせてくれる別宮だ。

ちなみに道中、「三ツ石」や「亀石」を見ることができるが、ここもパワースポットだ。筆者が訪れたときも、携帯電話のカメラで撮影する観光客がちらほら見られた。

❖内宮（皇大神宮）——皇祖神を祀る日本の最高聖地

続いて、内宮へと向かう。

鳥居をくぐり、宇治橋を渡ったら、向かって右側へと進む。すると、五十鈴川御手洗場《みたらし》

パワースポットといわれる「三ツ石」。この石の上に手をかざすと温もりを感じるという

が見えてくる。迷わず階段を下り、清涼な川に手をひたし、心身を清めよう。

ちなみに、地元では夏の土用の日にここで汲んだ水を神棚に供えると、一年中無病息災でいられると伝えられているのだという。

この御手洗場のすぐそばの、木でできた玉垣の中に「滝祭神《たきまつりのかみ》」が祀られている。ここでは必ず名前や住所、参拝にきた報告をしたい。

というのも滝祭神は、地元では「取次ぎさん」と呼ばれる神で、アマテラスに参拝の〝アポイント〟をとってくださるのだそうだ。

しっかりと報告をすませたら、二の鳥居をくぐり、「正宮」へと向かう。この正宮は特別に神聖視されているため、正殿は四重の玉垣に覆われている。一般参詣者はこの一番外の玉垣からしか参拝が許されていない。鳥居をくぐれば、撮影も禁止されているほどの聖域となる。

二十年に一度の式年遷宮の際に寄付をすると、そのお礼に垣根の中に入れるが、それも三重の玉垣の手前まで。

皇族ですら、一番奥までは入れないのだという。

内宮の「正宮」。四重の玉垣に覆われ、皇族ですら最奥部には入れないという

この特別な聖地でも、お祈りしたいのは、世の平和や、日本の繁栄、日々の感謝だ。個人的な願い事は、アマテラスの荒魂を祀る別宮「荒祭宮《あらまつりのみや》」で行なうとよいとされている。

この内宮にも、元寇の際に神風を吹かせ、日本を護った神を祀る「風日祈宮《かざひのみのみや》」が鎮座している。忘れずにお参りしたいパワースポットだ。

どちらの宮にも共通しているのは、そびえ立つ木々の圧倒的なパワーだ。

参拝中、ほかの観光客についていたガイドさんが、「伊勢神宮では、人よりお社より、樹のほうがえらい。だから、どの建物も樹の生育を最優先に建てられているんですよ」と話していた。

確かに、内宮の九三ヘクタールにもおよぶ神域は禁伐林に指定されていて、**創建以来、一度も樹木に斧を入れたことがない**のだという。

神社には必ず「ご神木」があるが、伊勢神宮ではすべての木がご神木ではないか、というほどの凄まじいパワーを放っていた。

気になる樹木があれば、軽く手をあて、霊気に触れてみるのもいいかもしれない。

おそらくその木は、はるか昔からこの地に立ち、日本を護り続けたアマテラスのパワーをも秘めているに違いない。

二見興玉神社
［ふたみおきたまじんじゃ］

三重県伊勢市

神が降臨する
〝依り代〟の霊石を祀る

伊勢湾を望んで建つ二見興玉神社。沖合に位置する「興玉神石」と「夫婦岩」が有名だ。参詣に際しては、眺望の美しさを堪能するだけではなく、「罪や穢れを祓う」などのご利益にもあずかりたい。

（写真は鳥居と二見浦）

日本には、関東から九州にかけて、南北に本州を大きく二分する大断層**（中央構造線）**があり、その上にさまざまなパワースポットが並んでいる。この中央構造線は、愛知県の渥美《あつみ》半島でいったん海に潜ってから神島《かみしま》を経て、三重県の鳥羽《とば》の地で再び陸地に登場する。

そして、この地の最大のパワースポットはなんといっても、夫婦岩《めおといわ》で知られる**二見《ふたみ》興玉神社《おきたまじんじゃ》**だろう。海に面した、こじんまりとした神社ではあるが、大変なパワーを秘めているとされ、古来より地元の人から篤い信仰を受けてきた。

祭神である**サルタビコノ神**は、もとは国津神であったが、アマテラス大御神の孫であるニニギノ命の降臨の際や、伊勢神宮御鎮座の際に道案内をしたことから〝伊勢系〟に連なったと考えられる神だ。**「道ひらき（みちびき）の神」**ともいわれており、迷いごとがあったとき、真っ先に参拝したい神である。

❖打ち寄せるのは「常世の国」から〝最初に届く波〟

神社の沖合い七〇〇メートルの海底には「興玉神石《おきたましんせき》」が鎮座している。この岩はかつて海面に出ていた頃、神が降臨する際の〝依り代〟であったとされる。この神石から波が打ち寄せるため、二見興玉神社前の浜は、**「神々のいる常世の国から、最初に波が届く聖浜」**と信じられてきた。

そのため、昔は伊勢神宮に参拝する前に、必ずこの二見浦《ふたみがうら》の海水に浸かり、御祓「浜参宮《はまさんぐう》」を行なうのが慣例だった。

また、この二見興玉神社を参拝した折には、ぜひ「無垢塩草《むくしおくさ》」を購入してほしい。「無垢塩草」は興玉神石付近から採取した海藻から作られた霊草で、お風呂に入れたり、身につけたりして参拝すると「浜参宮」と同等の効力が受けられるという。

この無垢塩草は古来より諸々の罪や穢れを祓うといわれており、宮中・神宮、諸社でも広く使われてきたそうだ。ちなみに金額は二百円。

❖〝夫婦岩〟から拝むご来光の崇高すぎるパワー

「二見興玉神社といえば夫婦岩じゃないの？」とお思いの方もいるだろう。実は夫婦岩は、興玉神石の〝鳥居〟なのである。

そんな夫婦岩を有名にしたのは、**五月から七月に、その間からご来光が拝める**という神秘的な光景だろう。

言わずもがな、太陽といえばアマテラスである。古代から「ご利益がある」と人気のスポットだったようで、今でも参拝者はもちろん、カメラを携えた観光客も多く訪れる。

特に夏至の前後約一週間は、二〇〇キロも先にある富士山の山頂から太陽がのぼってくる様子が楽しめ、その眺望の美しさには、心洗われる思いにさせられる。

一方、冬至の頃には、夫婦岩の間からのぼる月を見ることができるそうだ。この光景も美しく、人気が高い。

ちなみに立石と呼ばれる男岩の高さは九メートル、根尻岩と呼ばれる女岩の高さは四メートル。

男岩と女岩は、太さ一〇センチ、重さ四〇キロ、三五メートルの注連縄《しめなわ》で結ばれている。

夫婦岩とご来光。なみなみならぬパワーを感じる

さて、この二見興玉神社の境内には無数のカエルの石像が並んでいる。『古事記』によると、祭神であるサルタビコの神使《しんし》はカエルなのだという。

神社などで「無事カエル」「貸した物がカエル」「お金がカエル」とうたわれたカエルをモチーフにした小物を見たことがないだろうか。

二見興玉神社でも、同様のお守りが販売されており、旅行の帰路の無事などを祈る大勢の人が訪れる。

境内のカエルの置物たちは、実際に無事に帰還できた人がご加護を感謝して、献納したものなのである。

猿田彦神社

［さるたひこじんじゃ］

三重県伊勢市

天津神を地上に導いた〝道ひらき〟の神

サルタビコノ神を祀る神社は全国で二千以上もあるが、この猿田彦神社こそが総本社。「みちびきの神」をぜひ詣でようと、多くの参拝者が足を運ぶ。また、境内に祀られる〝ある女神〟のおかげで、特に女性からの人気が高いというが……？

（写真は本殿）

猿田彦神社《さるたひこじんじゃ》は、伊勢神宮参拝において欠かせない神社の一つだ。

神話に倣《なら》う場合、先に紹介した二見興玉神社をスタートし、猿田彦神社、外宮、内宮の順で参拝するのが正式なのだという。

社名にもなっているサルタビコノ神は非常に人気のある神様で、全国で二千余社も祭神として祀る神社がある。もちろん、伊勢のこの神社が総本社だ。

サルタビコの人気の秘密は、なんといっても**〝みちびきの神〟**というポジションだろう。

その最大の役割を果たしたのが、ニニギノ命の天孫降臨での先導だ。

サルタビコは高天原の神ではなく、地上の葦原中国の神である。そのためニニギの降臨の際、道が幾重にも分かれた場所に立って、地上への道を照らすサルタビコを見て、神々の一行は大変驚いた。不審に思ったアマテラス大御神は、アメノウズメノ命を呼び寄せ、その正体を尋ねさせている。

特異な風貌も神々に不信感を与えたのかもしれない。『日本書紀』によると、サルタビコの背丈は七尺（約二メートル一二センチ）、鼻の長さは握りこぶし七つ分あり、目は八咫鏡《やたのかがみ》のように輝いていてホオズキのように赤く、口の端も赤く光っていたとある。

アメノウズメを遣わして調べさせた結果、「どうも天孫降臨に協力する、地上の神らしい」と、その先導を受け入れ、天孫降臨は無事成功する。

その後、アメノウズメはニニギの命により、サルタビコの妃となった。

❖アメノウズメは元祖・巫女だった!?

そのため、猿田彦神社の境内には「佐瑠女神社《さるめじんじゃ》」が祀られている。佐瑠女とは猿女、アメノウズメを指す。アマテラスが天岩戸にひきこもったとき、アメノウズメは艶やかな舞いで神々の宴を盛り上げ、アマテラスの興味をひき、アマテラスを岩戸から出すことに成功した立役者である。

このとき演じられたのは〝ストリップ〟だともいわれているが、神をその体に降ろして舞い踊ったとも語られている。

つまり、アメノウズメは神のメッセージを伝える〝巫女《みこ》〟なのだ。神社で行なわれ

運気がアップする方位石。祈る方向はお間違いなく

る「神楽《かぐら》」は「神が楽しむ」と書くが、この始祖こそアメノウズメだといわれている。そのため、〝芸能の神〟として篤い崇敬を受けている。

また、社は違えど猿田彦神社の中にサルタビコと仲良く祀られていることから、アメノウズメは「夫婦和合」や「縁結び」の神としても有名だ。

〝みちびき〟のサルタビコのご利益もあいまって、境内には女性の観光客が非常に多い。

先日お参りに行ってみると、拝殿の正面に設置された「方位石」に女性たちの列ができていた。方位石は、八方位を示す八角柱で、その上面に方位を表わす文字が刻まれている。

単に願い事をするだけでなく、決められた方位の文字に手をあてて祈願すると、よりパワーが高まるという。

仕事運を上げたい場合は「亥↓卯↓未」の順に、金運をアップしたい場合は「巳↓酉↓丑」、精神的な安定や財産を手に入れたいなら「申↓子↓辰」、人気や才能を高めたいときは「寅↓午↓戌」の文字を順番に手のひらで押さえ、願い事をするのだという。

物事をはじめる際に、最もよい方向へ導いてくれる、そんなサルタビコの御神徳を授かれば、きっと心強いはずだ。

出雲大社［いずもたいしゃ］

島根県出雲市

〝八百万の神〟が集う「神話の国」の謎

出雲大社は、毎年旧暦十月に日本全国の神々が集結する特別な社。計り知れないエネルギーを得られるパワースポットであると同時に、実はその裏側には恐ろしい秘密も隠されているというが……。

（写真は拝殿）

「出雲大社《いずもたいしや》」（おおやしろとも呼ばれる）の祭神は、いうまでもなくオオクニヌシノ神だ。オオクニヌシはさまざまなご神徳を持つが、最も有名なものは**「縁結び」**だろう。出雲大社では男女の縁に限らず、人と人、人とものなど、すべての縁を結んでくれるという。

この縁結びに欠かせないのが、旧暦の十月十日に行なわれる「神迎祭《かみむかえさい》」だ。この日は出雲大社の真西に位置する「稲佐《いなさ》の浜」で夕刻七時から神事がはじまる。この儀式を合図に日本全国の八百万の神は、浜から出雲大社へとあがり、一週間に渡って〝縁結び〟などに関する会議**「神議《かみはか》り」**を行なうのだという。

面白いことに、出雲大社はこの期間、本殿の横に全国の神々が泊まるための社、西《にし》十九社《じゅうくしゃ》と東十九社《ひがしじゅうくしゃ》を用意している。そのため、この期間だけ両社の扉が開かれるのだそうだ。

十月を陰暦で「神無月」というのは〝神様が出雲へ出かけて、お留守になっているためだ〟とされるが、出雲では神様が集まってこられるので**「神在月」**と呼ぶ。

さらに出雲の人々は、「神議り」の期間は神々の会議の邪魔にならないよう、謹慎して静かに過ごすのだという。なんとも微笑ましいエピソードだ。この逸話からも、オオクニヌシは今でも葦原中国の神々のまとめ役であることがわかる。

❖ 二拝四拍手一拝――〝独特のお参り〟に隠された理由とは？

全国の「国津神」を統べる立場ということもあってか、出雲大社のお参りの仕方は独特だ。

出雲大社では、まず正面鳥居をくぐったら、すぐ右手にある「祓社《はらいのやしろ》」に参拝をする。ここには四柱の祓井神《はらいどのかみ》がいて、穢れを祓ってくれるのだという。次に「祓橋《はらいのはし》」を渡り、参道を進む。そして手水舎で手もしっかりと清め

八百万の神が出雲入りするという「稲佐の浜」と「弁天島」

たら、拝殿へ向かおう。

八足門《やつあしもん》まで進み、その奥のご本殿に向かって、**「二拝四拍手一拝」**の形式で参拝をしよう。伊勢神宮をはじめ、神社で参拝をするときは、「二拝二拍手一拝」が基本だ。「四拍手には何の意味があるのか」と、長年、研究者らの間でも議論になっているという。

筆者からすると「単に国津神のトップだからじゃないのか?」とも思うのだが、こんな説がある。「出雲大社はオオクニヌシの怨霊を鎮めているため、より強固に封じるために四拍手（死拍手）する」というものだ。

オオクニヌシの怨霊についてはまた後に述べるとして、とにかくここでは忘れずに四回、柏手《かしわで》を打とう。その際、指と指の節を合わせる行為は「節合《ふしあ》わせ（不幸せ）」といって嫌われる。右手を少しずらすなど、合わせる手の形にも注意を配ろう。

また、参拝に訪れる際は、白いものを身につけていくと、よりいいという。出雲大社はとにかく〝穢れ〟を嫌うようだ。

お賽銭は、縁結びにちなんで十五円（充分ご縁）、四十五円（始終ご縁）が望ましいとする説がある。タブーとされるのは円が遠（十）くなるとされる十円だという。

出雲大社では、大注連縄に硬貨を投げ、突き刺そうとする行為がよく見受けられるが、これもタブーだ。お賽銭もそうだが、お金を投げるという行為は、基本的に神様に対して非常に失礼にあたると考えたほうがよい。

❖素鵞社と八雲山のパワー

摂社や末社にもお参りしてほしいが、外せないのは、本殿の背後に建つ素鵞社《そがのやしろ》だ。この

この注連縄にお金を投げるのはタブーである

社には、オオクニヌシの父神・スサノオノ命が祀られている。

素鵞社は背後にそびえる「八雲山《やくもやま》」を守護しているといわれている。美しいピラミッド型をした八雲山自体もパワーが強いスポットだ。その昔、出雲大社のご神体とされていたという説もある。そのパワーを背後から全身で受け止めているのだ。「スピリチュアルなものには鈍い」と自称している人でも、素鵞社の前に立つと、その強烈な神気に、頭を下げずにはいられないという。ちなみにスサノオには魔を祓うパワーもある。

十分に参拝をしたら、「稲佐の浜」をはじめ、出雲大社の縁《ゆかり》の地へ足を運ぶのもいいだろう。清らかになった体に、祖先の思いや失われた叡智が、しみ込んでいくはずだ。

出雲大社は〝オオクニヌシの怨念〟を封じ込めている!?

さて、出雲大社にはもう一つ、通常の神社とは大きく異なる〝謎〟がある。

普通、神社ではご本殿が南向きに立ち、その内部のご神体も南向きにおかれている。しかし、出雲大社のご本殿は、向きは同じではあるが、ご神体がなぜか西向きにおかれているのだ。

なぜ、西側を向いているのか。これには諸説ある。

「本殿の後ろのスサノオを祀る素鵞社に、尻を向けないようにした」というものから、「大陸の脅威から国を守るため」などさまざまだが、やはり、有力視されているのは**「国譲りを強いられたオオクニヌシの怨念を封じるために、正面を向かせなかった」**という説だ。

オオクニヌシの怨念――これはなんと『古事記』にも、はっきりと記されているのだ。以下にその話を引いてみよう。

第十一代垂仁天皇の御子、ホムチワケノ王は、天皇に寵愛されて育ったが、ひげが胸元に届くほど長く伸びる年齢になっても、口をきくことがなかった。それを憂い悩んでいた天皇の夢に、ある日、神のお告げがあった。

「私を祀る神殿を、天皇の神殿と同じように立派なものにするならば、御子は必ず口をきけるようになるであろう」

これを聞いた天皇が目覚め、我が子はいかなる神によって祟られているのか、と占わせたところ、その怨念は出雲の大神――つまりオオクニヌシであると出た。オオクニヌシは、アマテラスに葦原中国を召し上げられ、出雲に閉じ込められたことを、いまだ深く恨んでいたのである。

そこで天皇が、出雲の神殿をホムチワケに参拝させると、ホムチワケはすぐさま口がきけるようになった。この知らせを受けた天皇は歓喜し、お告げ通りに出雲に立派な宮を造らせたという。

❖シンボル〝大注連縄〟が意味することとは？

オオクニヌシが怨霊であったというこのエピソードに、驚きを感じた読者もいるかもしれない。

しかし、そもそも『古事記』は、天皇家がこの国に君臨することになった由来を記した物語だ。

つまりは、皇祖神たる「天津神」の正統性を証明することが狙いなのであって、天津神にとって都合の悪いことは〝排除・隠蔽された〟書物であると言ってよい。「国譲り」にしても、それまで地上の支配者であったオオクニヌシが、『古事記』に記された通り、すんなりと平和に国を明け渡したとは考えにくい。実際には〝武力によって略奪された〟という顚末《てんまつ》であってもおかしくはないだろう。

そして、もう一つ。出雲大社のシンボルともいえる、巨大な注連縄。この**大注連縄は、通常の神社の注連縄とは、よりはじめる方向が反対になっている**という（通常の神社の注連縄は、右からよりはじめて左で終わるが、出雲大社のそれは、左からはじめて右で終わるのだという）。

そもそも注連縄とは、その中に怨霊が入れないように封鎖する意味をもつもの。これを反対によっている出雲大社の注連縄は、神社の中から外へ怨霊を出さないために張られたものだと考えられはしないだろうか。

オオクニヌシの怨霊がいかに恐れられていたか、いたるところからうかがい知ることができるだろう。

大神山神社

［おおがみやまじんじゃ］

鳥取県米子市

オオクニヌシによる「国造りのはじまりの地」

「神の宿る山」に建つという大神山神社。その名に違わず、神話の中で重要な役割を担った聖地である。オオクニヌシはこの地から、これから造る「国」にどのような思いをはせたのであろうか。

（写真は奥宮）

島根県東部の中海《なかうみ》・宍道湖《しんじこ》周辺には、古くから神話・伝承に彩られた古刹《こさつ》が鎮座している。そして、そこから遠くない鳥取県にある**大神山神社**《おおがみやまじんじゃ》が建つ、**伯耆大山**《ほうきだいせん》**は〝神の宿る山〟**として地域の人々から崇敬を集めてきた霊山だ。

古来から大山信仰は存在していたようだが、広く知られるようになったのは、七一八（養老二）年、金蓮上人《きんれんしょうにん》の「大山寺《だいせんじ》」の開創がきっかけだった。

「大神山神社」自体の前身ができたのは、平安時代。修験者が大山山中に設けた遥拝所《ようはいじょ》がそのはじまりだという。といっても、当時は寺と神社の明確な区別はなかったようだ。明治になるまで日本の宗教は、神仏習合の形をとっていたからである。

そのため当時「大神山神社」は「大山寺」の中にあった。現在では「大山寺」と「大神山神社」の二社に分かれているが、隣接しているため、あわせて参拝することができる。

ただし、この「大神山神社」を参詣したいと思うのなら、注意が必要だ。というのも、大神山神社には本社と奥宮があり、車で約三十分の距離にあるからだ。場所が二つに分けられたのは、より霊験があらたかだとされる「奥宮」が、冬になると深い雪で祭祀ができなくなるからだ。

そのため本社は交通の便のいい平地にあり、冬の間は奥宮に代わって祭祀を行なう。もちろん本社もパワーに溢れた場所だが、筆者のおすすめはやはり奥宮だ。奥宮はこの伯耆大山のもつ土地の〝気〟が凝縮した場所にあり、神が鎮座しているのが感じられる。

❖オオクニヌシは「ここ」から国造りをはじめた！

奥宮は、神話の舞台でもある。大神山神社のご神体は社が鎮座する山、「伯耆大山」だが、ご祭神はオオクニヌシノ神だ。

なんと、**オオクニヌシはこの大山から国を見下ろし、国造りをはじめた**のだという。

スサノオノ命の六代後の子孫であるオオクニヌシは、ある日、島根半島東端の美保《みほ》の岬にいた。すると海から、一寸法師のように小さな神、スクナビコナノ命が現われた。

オオクニヌシは、このスクナビコナと手を組んで、人と家畜の病気を治療する方法や、鳥獣被害を除く方法を定めるなど、国造りを行なったと伝えられている。また、このときオオクニヌシが稲の種を落とした場所が多禰郷《たねのさと》（現・雲南市掛合町《かけやちょう》）という地名になったという。

こうした国造りをはじめる際、オオクニヌシは大神山神社の奥宮がある場所に降り立ったのである。

さて、美しい緑が影を落とす参道の石畳は、距離にして約七〇〇メートル。日本一長い自然石の道だという。参道脇には石碑や地蔵菩薩などが立ち並び、ただならぬ霊気をビンビンと感じることができる。

この参道をまっすぐ進み、「金門」と記された分かれ道を進むと、伯耆大山の中でも強いパワースポット「賽《さい》の河原《かわら》」が見えてくる。

賽の河原というと、おどろおどろしい荒涼とした風景を思い起こす人もいるかもしれないが、こちらに漂う空気はあくまでも清浄だ。

大山から国を見下ろし、
オオクニヌシは何を思ったのか

幼くして亡くなった子どもの霊を弔うためなのだろう。河原には花束が置かれ、両岸には地蔵菩薩が鎮座し、涙を誘う。

と、河原を流れる佐陀川《さだがわ》の下流に目をやると、真ん中からまっ二つに切られたかのような、巨大な岩石を見ることができる。これが「金門」だ。この岩壁を神門にたとえ、僧兵たちは日夜修行に励んだという。

さて、参道に戻ると、ご神水が飲める水飲み場が登場する。大山から湧き出る天然水で、万病長寿に効くとも、パワーストーンを洗えば効力がアップするともいわれる。

そして、さらに足を進めると、神門、日本最大級の権現造りの社殿を目にすることができる。そのすべてが、周囲の緑に美しく溶け込む。

地面から湧き立つ山のエネルギーとあいまって、〝信仰の場にいる〟ことを実感し、感動を覚えるはずだ。

沼島［ぬしま］

兵庫県南あわじ市

イザナキとイザナミの「国生み」の舞台

沼島は、全周一〇キロにすぎない小島である。だがその実、天地が初めて分かれたときにできた伝説の島・オノゴロ島ではないかという説が存在するのだ。日本最古の土地の伝承を、ひもといていこう。

（写真は夕暮れの沼島）

さて、神話ゆかりの地の中でも筆者が注目しているのは、淡路島の南四・六キロの位置に浮かぶ**沼島**《ぬしま》だ。

というのも、周囲一〇キロほどのこの小島には**「オノゴロ島伝説」**が残るからだ。

オノゴロ島伝説とは、天地が初めて二つに分かれたとき、高天原《たかまのはら》と呼ばれる天上界から派遣されたイザナキノ神とイザナミノ神が最初に造ったとされる島だ。

二神はまず、天と地の間に浮かぶ「天浮橋《あめのうきはし》」に降り立ち、「天沼矛《あめのぬぼこ》」という矛で、どろどろと漂うばかりの地上を「こおろ、こおろ」とかき混ぜた。

矛を引き抜くと、雫が滴り落ち、そこに島ができた。これが**日本最初の国土とされる、オノゴロ島**だ。

二神はこのオノゴロ島に降り立つと契りを結び、本州、九州、四国などの大八島《おおやしま》と呼ばれる八つの島々や、六つの小島などを生み、さらに現世の神々を生み出す。

実は「沼島こそ、このオノゴロ島である」という説があるのだ。

❖〝勾玉〟のような形をした神秘の島

まず、**島の形が〝勾玉《まがたま》〟のようだ**ということ。勾玉は、丸みのあるコの字の形をした装身具である。縄文時代から日本に存在したそうで、魔除けの石として用いられてきた。

天皇家に代々受け継がれてきた「三種の神器」の中にも「八尺瓊勾玉《やさかにのまがたま》」という名の勾玉が存在する。

勾玉の形にはさまざまないわれがあるようで、「太陽と月が重なり合った形」だとか「胎児の形状を模したもの」などといわれる。胎児の形……国生みを連想させはしないか。

筆者は、東日本大震災の直後に友人から「これをもっているといいよ」と、勾玉を贈られた。

「勾玉は天災から身を救ってくれる」と、その友人は信じていたようだが、日本最初の地である〝神聖な地〟が勾玉の形をしていたとすると、日本人が持つ勾玉信仰もしっくりくる。

❖イザナキとイザナミが婚姻を行なった「天の御柱」

沼島は黒潮の急流がぶつかる場所にあることから、周囲には奇岩・岩礁が数多い。中でも目につくのは高さ約三〇メートルもある、**上立神岩**《かみたてがみいわ》だ。

実はこの岩こそが、イザナキとイザナミがその周囲を回り、婚姻を行なったという**「天**《あめ》**の御柱**《みはしら》**」**だとされているのだ。

『古事記』に記された物語によると、二人はこの「天の御柱」を、それぞれ右と左から回って出合ったところで声をかけ合い、それから寝所で夫婦の交わりをすることにしたという。

しかし、女であるイザナミからイザナキに声をかけると、骨のないヒルのような子が生まれた。

そこで今度は、男であるイザナキからイザナミに声をかけて契ると、本州、九州、四国など、八つの島々が生まれた。

この神々の契りの舞台となった天の御柱が、ほかならぬ上立神岩なのだという。

この岩を訪れた知人の話によると、

「神々しさに圧倒される」

「霊感などのまったくない自分でも、大変なパワーが出ているのがわかった」

「思わず拝み伏したくなった」

「眺めているだけで、なぜか涙が出てきた」

のだそうだ。

国生みの地、日本誕生の地が、そのような言いようのないパワーを放っているのは、当然のことであろう。

異様な存在感――上立神岩は、やはり「天の御柱」なのか

竹生島［ちくぶしま］

滋賀県長浜市

神の斎《いつ》く島……
小さな島に息づく伝説の数々

日本の中心に位置する琵琶湖に浮かぶ、竹生島。神聖さを保つために、住居を構えることささえ許されない。神々の息づかいさえ聞こえてきそうなほどの〝聖域〟では、今でも摩訶不思議な噂が絶えることがないというが……。

（写真は夕暮れの竹生島）

琵琶湖北部にぽつんと浮かぶ**竹生島**《ちくぶしま》は、前述の沼島に並び、『古事記』の「国生み」伝説で、イザナキノ神とイザナミノ神が最初に生んだ「オノゴロ島」ではないかとも囁かれ続ける聖なる島だ。

「竹生島」という名前の由来も、**〝神の斎**《いつ》**く住居**《すまい》**〟**という言葉が転じたもので、**島自体がご神体**なのだという。

神が住むという完全なる〝聖域〟のため、島内には住居がない。寺社の関係者も島外から通っているそうだ。参拝するためには船の利用が必須で、現在は今津港と長浜港から定期フェリーが出航しており、片道三十分はかかる。

この、容易にたどり着けないという行程が、この島をより神秘的な存在にしている。

❖アマテラスのご神託によって創建された神社

さて竹生島は周囲約二キロ、面積はわずか一四ヘクタールほどの小さな島だ。この東南部に、山に沿うようにして「都久夫須麻神社《つくぶすまじんじゃ》」と「竹生島・宝厳寺《ほうごんじ》」の二つの寺社が建つのだが、明治の神仏分離以前は一つだったという。

『延喜式』によると、都久夫須麻神社が創建されたのは、四五九(雄略天皇三)年。

一方、宝厳寺が建立されたのは七二四（神亀元）年だ。

聖武《しょうむ》天皇の夢枕にアマテラス大御神が立ち、

「江州《ごうしゅう》（竹生島のある近江国の異称）の湖中に小島がある。その島は弁財天の聖地であるから、寺院を建立せよ。そうすれば、国家泰平、五穀豊穣、万民豊楽となるであろう」

とのご神託を授けた。これを受けて聖武天皇が僧・行基によって開基させたのがはじまりだという。

このように、**宝厳寺は「アマテラスの御神託」により創立された**わけだが、都久夫須麻神社の末社に「大黒様」つまりオオクニヌシノ神と、アメノオシホミミノ命が鎮座している点は興味深い。

ちなみにアメノオシホミミは、スサノオノ命がアマテラスの勾玉から生んだ五皇子の長男である。

アマテラスのご神託によって創立された宝厳寺

葦原中国を追放されたスサノオが高天原を訪れた際に、謀反の心がないことを証明するために、アマテラスとそれぞれに神を生み出すことを競った。これを「誓約《うけい》」というが、スサノオはアマテラスの勾玉から五皇子を、アマテラスはスサノオの剣から三姫を生んだのだ。

オオクニヌシの国譲りのあと、アマテラスが最初に「天孫降臨」の命を下したのは、実はこのアメノオシホミミだった。

しかし、アメノオシホミミは自分の息子にその任務を譲ることにした。この息子こそがニニギノ命である。

「高天原」と「出雲」を対立軸に見ると、この地に両者が相見《あいまみ》えるのは、筆者は「何か意図があるのではないか」と勘ぐってしまう。

話を戻すが、以来、都久夫須麻神社と宝厳寺の二社は、同一の社として成り立ってきた。朝廷の崇敬が厚く、幾度も火災などに見舞われているが、その度に何度も修復が繰り返されてきたともいう。

❖「日本三大弁財天」の一つにして、龍神の住処

ところで、都久夫須麻神社は、湖水を支配するアサイヒメノ命（産土神）、アマテラスのお子であるイチキシマヒメノ命（弁財天）、五穀豊穣と商売の神様、ウガフクノ神、そして龍神の四神が祀られている。

神社が「日本三大弁財天」の一つとして名高いこともあり、イチキシマヒメに注目が集まりがちだが、地元の人々が古来より崇め奉ってきたのは、「龍神」だ。

田畑に湖水の水を引き、水産物の恵みを受けてきた人々は、**竹生島こそ龍神の住処**だと考え、琵琶湖畔から常にこの竹生島に手を合わせ続けていたという。

そんないきさつもあるからだろうか。竹生島の中でも、より強力なパワーを授かれる場所は、本殿の先にある「龍神拝所《りゅうじんはいしょ》」だ。

大きな鳥居が琵琶湖を望む位置に建つ姿を眼下に見ることができるが、ぜひ「かわらけ投げ」に挑戦してほしい。この場所から二枚一組になった土器《かわらけ》の一枚には名前を、もう一枚には願い事を書き、両方とも鳥居をくぐれば心願が成就するという。

❖竹生島をめぐる「都市伝説」

このように、古来から霊験あらたかな聖地ではあるが、竹生島の周辺には、同時にさまざまな怪も眠っている。

その一つが、「火の柱」だ。**毎年お盆になると竹生島近くの湖面に火の柱が立つ**のだという。周辺の住民はこの火を恐れ、目にしないようにしている。

また「竹生島沖の湖底から読経が聞こえてくる」というものや、「竹生島から琵琶湖岸まで白蛇が渡る」という話もある。白蛇はいわずとしれた、神の使いだ。

ほかにも、竹生島には神の使いとされる大ナマズが潜んでいると考えられ、そのナマズの棲処、「ナマズ岩」が湖底にあるという。

天気のいい日だと湖上からこの岩が見えるのだが、見えた場合は不吉なことが起こるという言い伝えがある。

さらには、**「竹生島の近くには、死者の集まる異界がある」**という都市伝説もある。周辺にある深い淵に死体が入り込むと、二度と出られなくなってしまうのだそうだ。

水温が極めて低いため、中には平安時代のものや戦国時代の武将の姿をとどめた死体もあり、湖が荒れると、無数の死体が一斉にふわふわともち上がり、湖の中は異様な様相を呈するのだそうだ。

伊吹山［いぶきやま］

滋賀県米原市・岐阜県揖斐郡

英雄・ヤマトタケルを退けた〝土着の神〟とは？

〝荒ぶる神の山〟の異名をもつ伊吹山。この地の神は『古事記』には猪、『日本書紀』には大蛇の姿で現われる。数々の戦を制してきたヤマトタケルと、伊吹山の神はどのように戦ったのだろうか。

（写真は三島池と伊吹山）

滋賀県と岐阜県の県境にある**伊吹山**《いぶきやま》には、『古事記』や『日本書紀』に登場する英雄・**ヤマトタケルノ命**の伝説が残る。

ヤマトタケルは、元の名をオウスノ命といい、第十二代景行《けいこう》天皇の皇子である。幼い頃から眉目秀麗だったが、性格は乱暴だった。オウスは兄を残忍な方法で殺してしまったため、それを疎んだ景行天皇は、オウスに九州のクマソタケル兄弟の討伐を命じる。

◈九州、出雲、東国を次々征討――ヤマトタケルの戦い

クマソタケル兄弟は、九州南部に拠点を構え、朝廷に抵抗をし続けてきた豪族の長だ。困難を極めるかと思いきや、彼はクマソタケル兄弟をなんなく討ち取ってしまう。無事に九州を平定し、オウスは「ヤマトタケルノ命」と称え呼ばれるようになった。

さらにその帰路に出雲に立ち寄り、当時出雲を支配していたイズモタケルノ命を斬り殺し、出雲まで平定してみせた。

ヤマトタケルが期待していたのは、父・景行天皇からの祝福だった。しかし、待っ

ていたのは「次は東国を平定せよ」との冷たい命令だった。

確かに、ヤマトタケルの西国制圧は、朝廷にとっては賞賛に値する成果だった。しかし、そのやり方はいささか卑怯だった。九州のクマソタケル兄弟を討ったときは、女装をして酒席にまぎれ込み、兄弟が酔っぱらったところを狙って惨殺しているし、イズモタケルにいたっては、仲良くなり、警戒心が解かれたところをだまし討ちのようにして斬り殺している。

そんなヤマトタケルにとっても、東国征討はかなりの重圧だったようだ。東国に行くにあたって、ヤマトタケルは伊勢にいる叔母のヤマトヒメノ命（景行天皇の妹で、伊勢神宮にアマテラス大御神を鎮座させた皇女）を訪ね、「天皇は私が死ねばいいと思っているのでしょう」と弱音を吐いている。

そこで、ヤマトヒメが手渡したのが**〝草薙の剣〟**だ。そう、スサノオノ命がヤマタノオロチを退治したときに、ヤマタノオロチの尾から出てきた聖剣である。

〝草薙の剣〟に宿る〝スサノオ〟のパワーは絶大だった。東国での戦いは苦難の連続だったが、無事平定。ヤマトタケルはその後、尾張で結婚をし、幸せな結婚生活を送りはじめる。

❖ヤマトタケルを倒した伊吹山の荒神

しかし、度重なる勝利に傲慢になったこともあるのだろう。彼は、伊吹山に荒神がいることを知り、わざわざ征伐をするために登山を決行する。妻・ミヤズヒメは〝草薙の剣〟を携えるよう懇願したが、聞くような性格ではない。「たかが伊吹の荒神、素手で打ちとれる」とそのまま出かけてしまった。

山に登ろうとしたとき、ヤマトタケルの前に大きな白い猪《いのしし》が現われた。ヤマトタケルは一瞥し、「お前は神の使いか。どうせ下っ端だろう、神を倒したあとにゆっくり相手をしてやる」と先へ進もうとした。実はこの猪こそ、伊吹山の神の化身だったのだ。怒った神は、山の天気を変えた。すると突然、ヤマトタケルに向かって石のような大雹《ひょう》が降りはじめた。雹はヤマトタケルに命中。さらに神は周囲を深い霧で覆った。道に迷いながらもほうほうの体で逃げ出したが、ヤマトタケルはこのときの傷がもとで力尽き、亡くなってしまうのだ。

傲慢さゆえに命を落としたヤマトタケルだが、だからといって排斥されるわけではなく、山頂にはその像が祀られており、人気も高い。

百戦錬磨のヤマトタケルも、伊吹山の神の霊験には、かなわなかった

ちなみに、『古事記』によると伊吹の神の化身は猪だが、『日本書紀』には「大蛇」の姿で登場するようだ。いずれにせよ、東西で百戦錬磨のヤマトタケルも、この伊吹の神の霊験の前には、あっさりと敗れ去ったのだ。

さてこの伊吹山だが、古くから〝荒ぶる神の山〟として、役行者《えんのぎょうじゃ》ら修験道者の修行の場にもなっていた。最もパワーが強いとされるのは、薬師如来を祀る山頂の「伊吹山寺《いぶきさんじ》」だ。こじんまりとしたお堂には、この地にたどり着いた多くの参拝者が訪れる。

また「薬草の宝庫」としても有名で、織田信長はこの地に薬草園を設けている。

ちなみに織田信長はスサノオを自らの守護神として崇め、信奉していたという。

✴コラム

日本の「聖《パワー・》地《スポット》」を貫く〝神秘の直線〟とは

「天津神」に敗れた「国津神」のオオクニヌシは出雲大社に祀られたが、出雲大社以外にも、オオクニヌシら国津神を祀る聖地は日本各地にちらばっている。

そして、ここからが重要なのだが――その「国津神を祀る聖地」が、驚くほど〝一直線上〟に並んでいるのだ。

この驚くべきパワーラインを、われわれ研究者の間では**「出雲レイ・ライン」**と呼んでいる。

レイ・ライン（光の線）とは、一九二一年にイギリスのアマチュア学者アルフレッド・ワトキンスによって提唱された概念で、「古代の遺跡には意図的に、直線的に並ぶよう建造されたものがある」というものだ。

回国津神にまつわる聖地が一直線に並ぶ「出雲レイ・ライン」

「出雲レイ・ライン」上に並ぶ有名な聖地を挙げると、太平洋にほど近い千葉の玉前《たまさき》神社をスタートに、神奈川の寒川《さむかわ》神社、岐阜と滋賀の県境にそびえる霊山・伊吹山、琵琶湖に浮かぶ竹生島、鳥取の大神山神社、そして出雲大社へと向かう。

さらに、この**「出雲レイ・ライン」は、富士山から見た春分と秋分の日の太陽の動きとリンクする直線**でもある。この直線の距離は七〇〇キロにもおよび、修験道や密教の世界でも**〝ご来光の道〟**として有名だった。

池田潤氏著の『古事記のコード』によると、このレイ・ライン上には「一之宮（旧国郡制の国で最も徳が高いとされた神社）」が数多く点在するという。

「出雲レイ・ライン」上には、西から出雲、伯耆《ほうき》、因幡《いなば》、但馬《たじま》、丹後《たんご》、若狭《わかさ》、近江《おうみ》、美濃《みの》、信濃《しなの》、甲斐《かい》、駿河《するが》、相模《さがみ》、上総《かずさ》といった国々が続いている。

この十三国のうちの半数以上の七つの国、なんと八つの国の一之宮が、ほぼこの「出雲レイ・ライン」の一直線上に並んでいるというのである。

西から順に紹介すると、出雲国の出雲大社、同じく出雲国の熊野大社、但馬国の粟鹿《あわが》神社、美濃国の南宮《なんぐう》神社、尾張国の真清田《ますみだ》神社、駿河国の富士山本宮浅間《ふじさんほんぐうせんげん》大社《たいしゃ》の奥宮、相模国の寒川神社、上総国の玉前神社といった具合に、だ。

回皇祖神となった天津神ゆかりの地――「高千穂レイ・ライン」

さて、アマテラス大御神の孫・ニニギノ命が地上に降り立った地、すなわち天孫降臨した場所は、『古事記』によると**「筑紫《つくし》の日向《ひむか》の高千穂《たかちほ》の聖なる峰」**と記されている。

この「高千穂」であるとされる場所は、西日本を中心に点在しているが、最も有力視されているのは宮崎県と鹿児島県の県境にそびえる「高千穂峰」説だ。

もし高千穂峰が天孫降臨の地だったとするならば、何らかの「レイ・ライン」の一端となっているのではないか。そう考えた筆者は、この高千穂峰と伊勢神宮を線で結んでみたところ、面白い事実に気がついた。なんと、このライン上には室戸岬、足摺岬があり、その先には香取《かとり》神宮、鹿島《かしま》神宮が鎮座しているのだ。

かつて「神宮」と呼ばれた聖地は、伊勢神宮、香取神宮、鹿島神宮の三社のみ

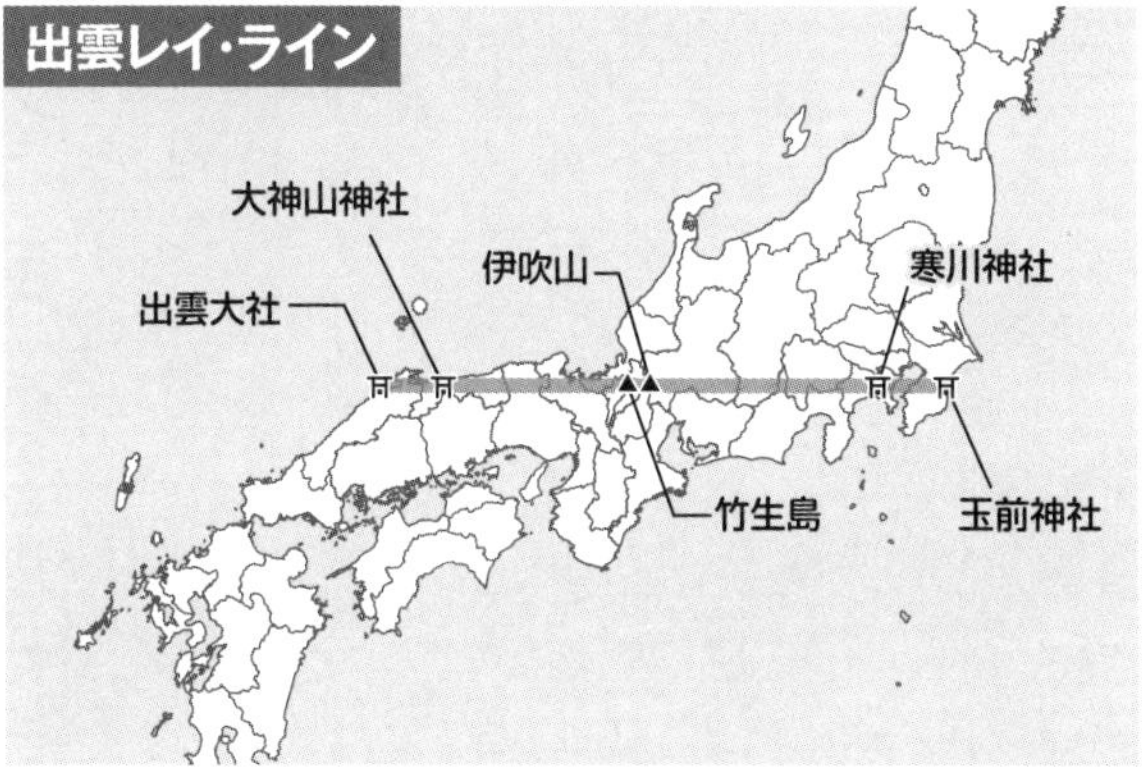

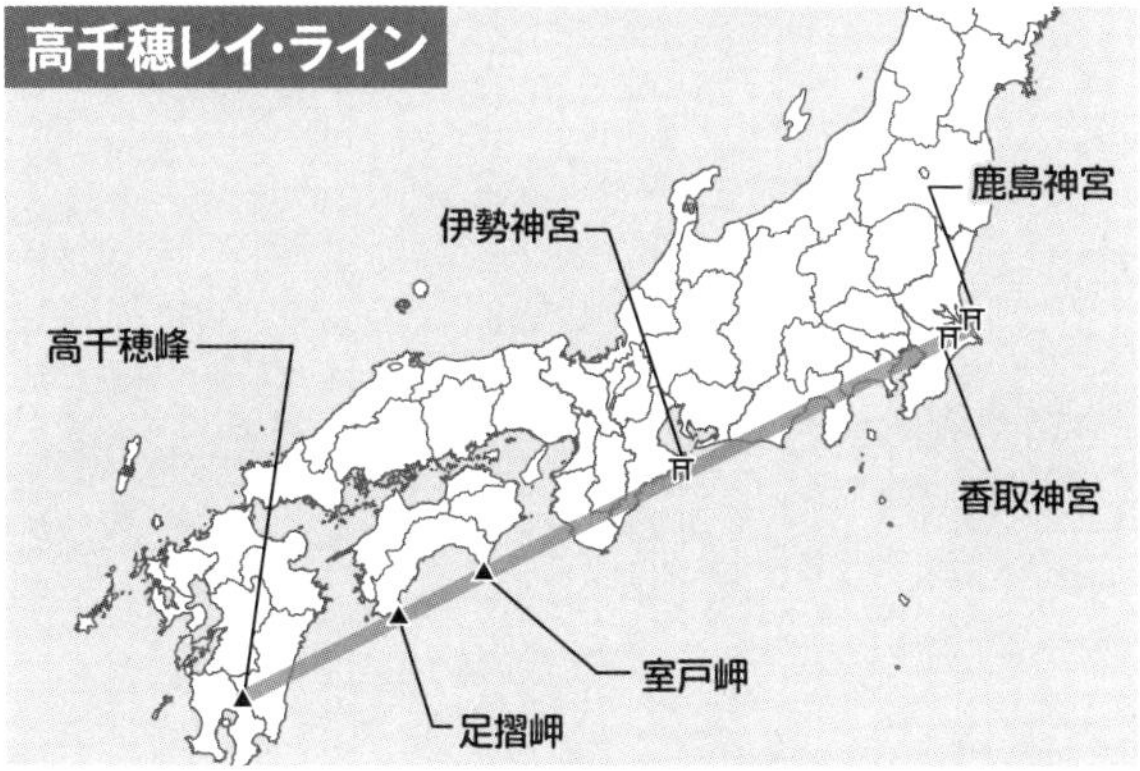

出雲レイ・ラインは春分・秋分の日に、
高千穂レイ・ラインは夏至の日に、それぞれ太陽の通り道となる

だった。**三つの聖なる社、そして高千穂が一直線に結ばれている**という偶然は非常に興味深い。

また、この「高千穂レイ・ライン」も「出雲レイ・ライン」と同様に「太陽の道」で、しかも「夏至の日」の太陽のラインをなぞっているのだ。

太陽ののぼる高さが一年で最も高くなる日に、太陽はこれらの「日《ひ》出《いず》る国」の聖地の上を通過する――この壮大なラインが、単なる偶然の産物といえようか。

高千穂レイ・ラインは、その始発点と終着点を見ても面白い。東の端、鹿島神宮のある場所は**「常陸国《ひたちのくに》」**。これは「日が立つ」という語義を持っているという。伊勢や富士山から見ると、まさに夏至の太陽がのぼってくる場所だ。

一方、西の端を見ると**「日向」**の地であることがわかる。「日向」とは読んで字のごとく「日の向かう」場所だ。「日立」と「日向」も何らかの意図をもって付けられた名称だということがわかる。このように一つのラインを見るだけでも、日本の地形が〝神によって造られたに違いない〟と、戦慄すら覚えてしまう。「出雲レイ・ライン」と「高千穂レイ・ライン」。この対立する二つの線は、まさに我が国の〝神の道筋〟といえそうだ。

2章

天孫降臨――
こうして〝神々の舞台〟は地上に移された

……神話と伝承が息づく地・九州に残されたパワースポット

天岩戸、高千穂、天の逆鉾……謎とロマンが交錯する地

「天孫降臨」――。

アマテラス大御神の孫・ニニギノ命は、葦原中国を治めるべく天上の高天原を離れ、御供の神々を引き連れて地上に舞い降りた。

このニニギが降り立ったという「天孫降臨の地」がどこであるかについては、九州内に諸説ある。

たとえば、宮崎県と鹿児島県の県境にそびえる高千穂峰《たかちほのみね》の山頂（霧島東神社）には、なんと、**ニニギが降臨した際に突き刺したという「天の逆鉾《あまのさかほこ》」**が現存しているのだ。

そのほかにも、アマテラスがその身を隠した天岩戸であるとされる「天岩戸神社」、

天から地上に水をもたらしたと伝えられる「真名井《まない》の滝」など、伝承が残る地は数多い。

◆〝地球のパワーが一点に集まった〟驚愕の場所とは？

このように、九州はまさに、今なお〝神の息づく〟特別な地なのである。

本章で紹介していく「日本人の故郷」ともいえる聖地の数々は、必ずやあなたを悠久の神話の世界へと誘《いざな》うであろう。

さらに、熊本県阿蘇郡にある高天原発祥の地とされる「幣立神宮《へいたてじんぐう》」は、決してメジャーな聖地とはいえないが、〝知る人ぞ知る〟超大なパワーが感じられる地である。

この幣立神宮は〝地球のへそ〟と呼ばれ、世界各国からも熱心な参拝者を集めているのだ。

幣立神宮が〝地球のへそ〟と呼ばれる理由。それは五年ごとに行なわれる「五色神《ごしきじん》祭《さい》」にある。五色神祭とは、国や人種を超え、地球の全人類のために天地和合・万物の和合を唱和する祭だという。

地球の表面を覆うユーラシアプレート、北米プレートなど、四つのプレートが終結している日本列島は、世界でも珍しい場所。その希有な場所には「五大人種」（地球人類の大祖先、赤・白・黄・黒・青人のこと）の神々が集まるため、地球の安泰と人類の幸福や繁栄、世界平和を太古の昔から祈っているのだという。

では、神話と伝承が息づく九州に残された「聖地」を見ていくことにしよう。

霧島東神社［きりしまひがしじんじゃ］

宮崎県西諸県郡

山頂に神々しく突き刺さる「天の逆鉾」

「突然涙がとまらなくなった」「急な眠気が襲ってきた」などと参拝客が証言する、強力なパワースポット・霧島東神社。「天の逆鉾」をはじめ、一度は訪れたい場所が数え切れないほど存在する。

（写真は神宝・天の逆鉾）

宮崎県と鹿児島県の県境につらなる霧島山《きりしまやま》。霧島連山、霧島連峰とも呼ばれる火山群の総称である。

その高千穂峰の中腹、標高五〇〇メートルに位置する**霧島東神社**は、強大なパワーに包まれた神社だ。ニニギノ命が天孫降臨した際に、初めて祖先の神々（イザナキノ神・イザナミノ神）を祀った場所であると伝えられ、社は第十代崇神《すじん》天皇の時代に創建されたという由緒を持つ。

といっても、もともとは高千穂峰の山上の高千穂河原に、山頂を遥拝する姿で建っていたようだ。しかし、鎌倉時代に起きた大噴火によって焼失。社殿が東西に分社され、現在の場所に移築された。

ちなみに東の社が「霧島東神社」、西の社が「霧島神宮」なのだという。両社が似た雰囲気を持ち合わせているのは、もともと一つの神社だったからだ。

霧島山周辺には噴火を繰り返す活火山が多い。霧島東神社の社殿も鎌倉時代の噴火による焼失によってこの地に建てられたと書いたが、それゆえ幾度も復興造営が重ねられている。

「なぜ、こんな危険な場所に」と、筆者などは思うのだが、社殿はもちろん、楼門、鳥居、参道など、いずれも美しく整備されている。

そんな自然の脅威など、まったく意に介さないかのように、悠然と静かに佇んでいる様子は潔く、この地の人々の信仰の強さをひしひしと感じさせられる。

❖「御池」――その水の青さは〝龍の涙〟ゆえ？

それだけに、この地の放つエネルギーは凄まじい。霧島東神社の中でも最もパワーに満ちたスポットは、ご神体そのものだとも称される「御池《みいけ》」だろう。

霧島山中には多くの火口湖が存在するが、「御池」はその中でも最大の湖で、周囲四キロ、直径一キロもあるのだそうだ。約四千六百年前の噴火によって形成されたというが、**〝龍の涙からできた湖〟**であるという伝説も持つ。

深みのある青に彩られた湖は確かに、龍のそれを想像させる。

霧島東神社は、とにかく清水に満ちた神社だ。参道入口の鳥居をくぐるとすぐに、神龍の泉がある。「忍穂井《おしほい》」というそうで、神龍が祀られた祠《ほこら》の周辺には豊富な湧水

「御池」ができるほどの涙を、龍はなぜ流したのだろうか

があり、身をひたすこともできる。もちろん名水としても名高い。

ただし龍神の安息池であるため、**〝東方よりこの池に女人の影が映ずれば、忽ち異変ありと伝へられる〟**のだそうだ。

では女性は西側から覗けばいいのか、とも思ったが、この伝説に恐れをなして、避けて通る人も多いのだという。

霧島東神社を参拝した友人に話を聞くと、

「あまりにもパワーが凄すぎるから、圧倒されて写真を撮るのも忘れるほどだったよ」と熱く語っていた。

ほかにも、霧島東神社を参拝した人からは「突然涙がとまらなくなった」「急な眠気が襲ってきた」「胸が温かくてたまらなくなった」などの声が聞かれる。

とにかく不思議なオーラに満ちているというのだ。といっても「この神社を訪れたら必ず何らかのご利益がいただける」という甘い考えではいけないらしい。

かつて、この地は修験者らの厳しい修行の場だった。そのため、「この地に漂うパワーを受け止めよう」という心づもりも不可欠なのだそうだ。

❖天上界と地上界を結ぶかのような「天の逆鉾」

そして拝殿の横には、霧島東神社の神宝、ニニギが降臨した際に、逆さに突き刺したと

拝殿に満ちる“神聖な空気”は尋常ではないという

いう**「天の逆鉾」**がそびえる高千穂峰山頂への登山口がある。頂上へののぼりの平均時間は三〜三時間半、下りは二時間半程度かかる。それなりの心づもりが必要だが、晴れた日には頂上から南九州全体のパノラマを見渡すことができ、まさに〝天孫降臨〟そのものの気持ちを味わえるという。

その「天の逆鉾」は、長さ一三八センチ、周囲二六センチの三叉の矛先を持った、金属製の矛である。この矛は、奈良時代にはすでに存在していたという古い記述もあるそうだ。

これは余談であるが、あの幕末の志士・坂本龍馬が新婚旅行でここを訪れ、なんと大胆にもこの矛を引き抜いてみせ、しかもそのことを姉宛ての手紙に、自慢げに書いて送ったのだという。

現在では、矛の周囲には「立ち入り禁止」の看板と共に柵が設けられ、その中に立ち入ることはできなくなっている。いずれにせよ、読者諸君が龍馬に負けぬほどの恐れ知らずであったとしても、神聖な矛には触らぬほうが賢明であるとお伝えしておきたい。

霧島神宮《きりしまじんぐう》

鹿児島県霧島市

島津家が崇敬した「霧島七不思議」の伝説地

霧島神宮は、かつて霧島東神社と一つであった。大噴火で一度灰になった社は、薩摩の大名・島津氏の手で生まれ変わる。この地に渦巻く不思議な現象を、あますところなく明らかにしよう。

（写真は社殿）

鹿児島県に位置する**霧島神宮**《きりしまじんぐう》は、天孫降臨の主人公であるニニギノ命や、その妻であるコノハナノサクヤビメなどの神々を祭神にもち、「猿田彦命巡行祭」や「天孫降臨御神火祭《ごしんかさい》」など、天孫降臨にまつわる神事を行ない、神話の世界を今に伝える神社だ。そして、「霧島六社権現」（宮崎県と鹿児島県の県境にある霧島山の周辺にある六つの神社）の中心的役割を果たす霧島神宮は、「天の逆鉾」を神宝に持つ霧島東神社と関わりの深い神社でもある。

前項でも書いた通り、もともとは両神社は一つの存在で、高千穂峰の山上に社をもっていた。しかし、鎌倉時代の大噴火で焼失。その後、一四八四（文明一六）年、東の社を霧島東神社、西の社を霧島神宮といった具合に、東西に分割することになった。ちなみに、現在の霧島神宮が再建されたのはなんと、江戸中期。薩摩藩を治めた島津家の奉納によるものだった。

❖豪奢な社殿は、島津家の〝財の結晶〟

島津家は、霧島神宮に大変な崇敬の念をよせていたのだろう。広大な境内に建つ本

樹齢800年の御神木は南九州の「杉の祖」といわれる

殿、拝殿、勅使殿には、鮮やかな朱色の装飾が施され、目にも美しい。

内部も豪華だ。漆塗りの殿内には龍柱が建ち並び、床は鶯張《うぐいすば》り。壁には極彩色の浮き彫りを施した羽目板が配され、梁《はり》、長押《なげし》など、どこに目をやっても細部に至るまで緻密な装飾が施されている。

まさに**当時の島津家の財の結晶で、その豪奢さからしばしば「西の日光」と称される。**実は、霧島神宮最大のパワースポットは、この社殿なのだという。

もちろん、樹齢約八百年と推定される境内のご神木の杉も、**南九州の「杉の祖」**といわれるありがたい存在だ。その荘厳な姿に立ち止まって見入る人も多い。

また、「オガタマの木」もぜひチェックしてほしい。巫女がもつ神楽鈴の原型となる実をつける木で、触れているだけでその聖なる音が聞こえてきそうだ。

❖「御手洗川」には高天原の聖井の水が混ざっている!?

さらに霧島神宮の参拝に来た際に、ぜひチェックしていただきたいポイントがいくつかある。というのも、この霧島神宮の周辺には**「霧島七不思議」**と伝えられる伝説が残るのだ。

その一つが**「御手洗川《みたらしがわ》」**だ。

霧島神宮から西へ二五〇メートルほどと近場に位置する水場で、五月頃から十月頃にかけてだけ、岩穴から勢いよく大量の真水が湧き出すのだという。

このシーズン以外はほとんど涸れているにもかかわらず、不思議なことにこの時期は魚まで一緒に湧いてくる。それゆえ、この神秘の水の流れには、**高天原の聖井・真《ま》名《な》井《い》の水が混ざっている**とも伝えられ、地元ではパワースポットとしても知られているのだ。

御手洗川からさらに西に進むと、「両度川《りょうどがわ》」が見えてくる。この川は、御手洗川よりもさらに流れる期間が短く、毎年六月頃に流れはじめたかと思うと、十日経つとピタリと流れが途絶えてしまう。

そうかと思うと、数日後にまた流れ出すのだそうだが、八月をすぎた頃に再び涸れてしまう。流れは短いものの、澄んだ清らかな水が、滝のように霧島川に流れ込む様子は圧巻だ。時期が合えば、ぜひその目で見てほしい不思議なスポットだ。

さらに、霧島神宮の社殿にも、深夜に人気のないはずの社殿の奥からかすかに神楽の音が聞こえることがあるという**「夜中の神楽」**という不思議な話が伝わっている。現在の場所に社殿が遷宮された際も、真夜中に社殿の奥から神楽が高く鳴り響く音が聞こえたのだという。

ほかにも霧島の山中や、一二三五年まで霧島神宮が鎮座していた高千穂河原の「旧霧島神宮」などにも〝不思議〟は点在する。

そもそも旧霧島神宮のあった高千穂河原は、鹿児島屈指のパワースポットとして有名だ。霧島神宮から車で三十分程度と少し足を伸ばすことになるが、時間がある場合は、こちらもあわせて参詣することをおすすめしたい。

天岩戸神社

［あまのいわとじんじゃ］

宮崎県西臼杵郡

アマテラスが引き起こした〝大騒動〟の舞台

アマテラスが身を隠し、世界から光が消えた「天岩戸事件」。天岩戸神社こそ、その神話の舞台だ。神々の伝承が残るほか、夕暮れどきには不穏な空気が漂うという……。

（写真は西本宮）

高千穂には『古事記』『日本書紀』のアマテラス大御神にまつわる伝承の地が多く点在する。アマテラスが弟神・スサノオノ命の狼藉ぶりに腹を立て、隠れた「天岩戸」を祀る**「天岩戸神社」**もその一つだ。

渓谷を流れる美しい岩戸川を挟んだ東本宮《ひがしほんぐう》と西本宮《にしほんぐう》の二社から成る。

社伝によると、この地にアマテラスを鎮祭したのは、かの天孫ニニギノ命だとされている。弘仁《こうにん》年間（八一〇～八二四）に豊後《ぶんご》の大神《おおかみ》大太《たゆう》惟基《これもと》が、荒れた神社を再興。一八二一（文政四）年に、土地の庄屋によって社殿の改造が行なわれ、その姿を今に残している。

❖アマテラスが隠れた天岩戸は、神職さえ入れぬ「禁足地」

東西の社があると先に書いたが、多くの人を集めるのはやはり、天岩戸をご神体に持つ西本宮だ。

といっても、間近で天岩戸を参拝できるわけではない。まずは社務所にお願いして神職からお祓いを受ける。案内に従い移動して初めて、拝殿の裏手にある「天岩戸遥《よう》拝所《はい》」から、岩戸川の対岸にある天岩戸を拝することができる。

「天岩戸」は、天岩戸神社の神職の方々でさえ足を踏み入れることのできない禁足地で、遥拝所では写真撮影も禁止されているほど神聖な場所なのだ。

この西本宮には、アメノウズメノ命が天岩戸の前で踊りを披露したときに手にもっていたとされる聖木、「オガタマの木」もあり、こちらも強力なパワースポットだとされている。

もちろん東本宮も、すがすがしい霊気に満ちたパワースポットだ。西本宮から岩戸川にかかる橋を渡って徒歩十分ほどの場所にあり、溢れんばかりの緑のエネルギーを感じることができる。

ちなみに、この東本宮は岩戸から出てきたアマテラスが新居として住んだ場所だとも伝えられている。

東本宮最大のパワースポットは、拝殿の裏手のご神木の根本から湧く、涸れることがないといわれるご神水だ。なぜか〝甘い〟と評判で、口にすることもできる。

アマテラスをどうやって引き出すか、神々が作戦会議を開いたという「仰慕窟」

❖八百万の神が〝会議〟を開いた地

そして、ここまできたら、ぜひ見ておきたいのが**「天安河原《あまのやすかわら》」**だ。実はここは、「岩戸開き」の際に神々が〝どのようにしてアマテラスを岩戸から出すか〟を相談し合った場所だと伝えられているのだ。

西本宮から徒歩で約十分、岩戸川の渓谷をさかのぼると、間口四〇メートル、奥行き三〇メートルほどの大きな洞窟**「仰慕窟《ぎょうぼがいわや》」**が見えてくる。

中には鳥居と社が建てられているのだが、その周囲には賽《さい》の河原のような無数の石積みが乱立し、いささか不気味だ。

ここには、前述の〝会議〟に参加した八百

万の神が祀られているのだ。

そのため、「石を積んで願い事をすると多くの願いが叶う」と信じられている。この「天安河原」も、強力なパワースポットとして知られている。

ただし、賽の河原などでよくいわれることだが、この石積みは死者を供養するための卒塔婆《そとば》の代用とされることが多い。それゆえ、ほかの人が積んだ石は決して崩さないよう注意してほしい。

さらにいえば、霊感体質だと自認している方は、〝負のパワー＝陰気〟を感受しすぎてしまうので要注意。そうでない方も、夕方に行くのは避けたほうがベターだ。

なぜならこの時間帯、〝それ〟が一段と強くなるからである。

高千穂神社

［たかちほじんじゃ］

宮崎県西臼杵郡

「天孫降臨」のもう一つの舞台

高千穂神社の創建は、実に千八百年前。毎夜奉納される高千穂神楽では「神話の空気」に身をゆだねることができる。霧島と同様、天津神が初めて降り立った地であるという説が存在するが、はたして真相やいかに……。

（写真は本殿）

アマテラス大御神の命を受けたニニギノ命が、高天原から地上に降臨する……この天孫降臨の地として、霧島の高千穂峰と同様に有力視されている場所がある。

宮崎県・西臼杵《にしうすき》にある高千穂町だ。

〝真の高千穂〟について、古くから多くの国学者たちが激しい論争を交わしてきた。記紀（『古事記』と『日本書紀』）の研究者として歴史的に名高い、本居宣長《もとおりのりなが》や平田篤《あつ》胤《たね》などが有名だが、彼らですら**「天孫の降臨された高千穂については二説あり、どちらとも決めがたい」**として、霧島説と高千穂町説の二説を併記するに留めている。

筆者も、この論争には決着がつかず、永遠に続くのではないかと考えている一人だ。

というわけで、この高千穂町の中心部に位置する**「高千穂神社」**についても紹介しておこう。

〝神武天皇の兄VS.悪名高い鬼〟の伝説

高千穂神社は約千八百年前、第十一代垂仁天皇時代に創建されたと伝えられている。

かつてこの高千穂郷にあった五百五十四社の神社の中でも、格の高い八十八の神社

「高千穂八十八社」の総社として信仰を集めてきた。

本殿は一之御殿と二之御殿に分かれている。一之御殿には、ニニギとその妃神をはじめ、三代に渡る皇神が祀られている。二之御殿には、神武天皇の兄にあたるミケヌノ命とその妃神、そして八柱のお子神の、合わせて一族十柱を「十社大明神」として祀っている。

ミケヌは、神武天皇とともに東征したのち日向の地に戻り、留守にしている間に悪行を繰り返していた鬼八《きはち》という名の鬼を成敗したと伝えられる、この地の英雄だ。

ミケヌはこの鬼八を八つ裂きにした。しかし鬼八の怨念は大変なもので、死してなお、この高千穂の地に霜を降らせるなどして災いをなした。

そこで高千穂の人々は鬼八の首塚、胴塚、手首塚を作り、時には生娘を生け贄に捧げ、鬼八の霊を鎮めていた。今でも、猪を捧げるなどして鬼八の慰霊祭が行なわれている。

「伝説にすぎないだろう」と、一笑に付してしまいそうなエピソードだが、確かに、高千穂町には理屈では説明できない〝聖なる何か〟が潜んでいるようなエネルギーに満ちている。

たとえば、アマテラスとスサノオノ命の「誓約の跡」や、岩戸に閉じこもったアマテラスを連れ出す相談を八百万の神がしたとされる「天安河原《あまのやすかわら》」、アマテラスが身を隠した「天岩戸」、アメノムラクモノ神が高天原から移した水種によって湧き出たとされる「真名井の滝」、天孫降臨後、神々が高天原を遥拝するための「高天原遥拝所」……そのどれもがこの幽谷の地に、当たり前のように厳かに存在している。

❖アメノウズメの舞に起源をもつ「高千穂神楽」

また、高千穂神社は、美しい緑に彩られた杉の巨木に囲まれた、癒しのパワーに満ちた場所だ。

神社の中でも人気があるのは、社殿のすぐ側に立つ**「夫婦《めおと》杉」**だ。一見、二本の木のようだが、根元が一つになっている。その杉の周囲を、木製の玉垣と参拝者の思いが書き綴られた絵馬がぐるりと囲む。

その周囲を、夫婦や恋人、友人など好きな人と手をつないで三度回ると、その人との縁が固く結ばれ、さらに家内安全、子孫繁栄といった願いが叶うのだそうだ。もちろん一人で相手を思いながら回っても、ご利益があるという。

神殿横の「鎮石《しずめいし》」もまた、心を鎮めるパワーを持つとされる重要なスポットだ。

そして、高千穂神社を訪れたら、神楽殿で毎夜二十時から約一時間奉納される**高千穂神楽**をぜひ拝観したい。

三十三番ある高千穂神楽の中から代表的な「手力雄《たぢからお》の舞」「鈿女《うずめ》の舞」「戸取《ととり》の舞」「御神《ごしん》躰《たい》の舞」の四つの舞を間近で見ることができる。これは**アマテラスが天岩戸に籠った際の、アメノウズメノ命の舞に起源をもつ**のだそうだ。

神話の空気に身をゆだねる、贅沢な時間が楽しめることは間違いない。

一見すると二本の巨木のようだが、根元でつながっている夫婦杉

宇佐神宮［うさじんぐう］

大分県宇佐市

祀られているのは〝あの女王〟!?

全国に四万社ある八幡宮の総本山・宇佐神宮。かつて、そのご神託は皇位の座さえ左右しかねないほど強大だった。宇佐神宮は、なぜそれほど大きな力を持てたのか。調べれば調べるほど、そこには「邪馬台国」の影がちらつくのである。

（写真は勅使門）

九州の北東、国東半島《くにさき》の根元に位置する大分県・宇佐市。古くから交通の要所として知られるが、何よりもこの地を有名にしているのは**「宇佐神宮」**の存在だろう。

宇佐神宮といわれても、即座にはピンとこない人も多いかと思う。しかし、伊勢神宮と並んで天皇家の祖先を祀る社とされ、京都府の石清水《いわしみず》八幡宮や鎌倉の鶴岡《つるがおか》八幡宮など、全国に約四万社あまりある八幡宮の総本山であるといえば、その存在の大きさを理解していただけるだろう。

約六〇ヘクタールという広大な境内の中には上宮《じょうぐう》と下宮《げぐう》が存在し、上宮は国家のための、下宮は庶民のための社とされている。「下宮参らにゃ片参り」といわれるあたりは伊勢神宮とそっくりだ。訪れた際には、ぜひ、上宮も下宮も参拝していただきたい。

❖怪僧・道鏡による〝皇位乗っ取り〟を阻んだ「ご神託」

ところで、実はこの宇佐神宮、奈良から平安時代には特に、朝廷から重要視されていた。

それを証明するエピソードが、奈良時代の**「宇佐八幡神託事件」**だ。

七六九（神護景雲三）年、怪僧・弓削道鏡《ゆげのどうきょう》が、時の女帝・称徳天皇（孝謙上皇）からの寵愛を利用して皇位に就こうとした。このたくらみを阻んだのが宇佐神宮のご神託だったのだ。

ことの発端は、大宰帥《だざいのそち》（九州を治める「大宰府」の長官）の任務に就く道鏡の弟・弓削浄人《ゆげのきよひと》らが「道鏡を皇位につければ天下太平になるというご神託を宇佐神宮から受けた」と、称徳天皇に奏上したことだった。

もし、このご神託が本物であれば、晴れて道鏡を天皇として迎え入れることができる。称徳天皇は、真偽を確かめるため和気清麻呂《わけのきよまろ》を派遣する。

しかし、清麻呂が受けたお告げは**「皇室の血統でない者に位を授けてはならない」**というものだった。神託が、ひっくり返ってしまったのである。

この報告に怒った称徳天皇は、清麻呂を「別部穢麻呂《わけべのきたなまろ》」と改名し、大隅国《おおすみのくに》へ流罪にする。そのままご神託問題もうやむやになってしまったかと思いきや、その翌年になんと称徳天皇が逝去。天智天皇の孫・白壁王《しらかべのおおきみ》が光仁《こうにん》天皇として皇位を継ぐと、すぐに清麻呂の汚名をすすぎ、道鏡一派を捕縛。道鏡を下野国《しもつけのくに》へ、親族を土佐へ流罪にすることを決めた。

道鏡は「座ると膝が三つできた」といわれるほどの巨根の持ち主だったという。称徳天皇に取り入ったのも、病に伏せていた天皇を閨房術《けいぼうじゅつ》、つまりセックス術を用いて平癒させたのがきっかけだとも囁かれている。

❖本殿に祀られる〝謎の女神〟の正体は……?

話を戻そう。ここで疑問が生じるのは、清麻呂はなぜ宇佐神宮まで足を運ばなければならなかったのか、という点だ。前述してきたように、伊勢神宮には最高神、アマテラス大御神が祀られている。場所としても伊勢神宮のほうが、都である平城京（現在の奈良県）から圧倒的に近い。にもかかわらず、それ以前の東大寺の大仏の鋳造においても、朝廷は宇佐神宮に神託を求めている。

都から遠く離れた九州の八幡宮がなぜ、天皇家の皇位継承や国を挙げての一大事業に多大な影響を与えているのか。

その謎を解く鍵は、この地に祀られている祭神にあるようだ。

上宮、下宮のどちらにも共通していえるのだが、宇佐神宮の本殿には三柱の神様が祀られている。一之御殿には八幡神である五世紀頃の第十五代天皇・応神《おうじん》天皇、二之御殿には比売大神《ひめおおかみ》、三之御殿には、応神天皇の母である神功皇后《じんぐうこうごう》が鎮座しているのだが、その配置が少し奇妙だ。

左から順に、応神天皇、比売大神、神功皇后の社……。そう、「比売大神」という神が中央、つまり一番格上の存在として配置されているのだ。

比売大神は、『日本書紀』に記されている「宇佐に降り立った三女神」だとされてはいる。しかし一方で、こんな説も囁かれている。**〝比売大神＝卑弥呼〟**だと。

この仮説は日本史研究家・井沢元彦氏の『卑弥呼伝説』『逆説の日本史』に詳しい。井沢氏はさまざまな根拠を提示するが、最も筆者の目をひいたのは**「二礼、四拍手、一礼」**という、宇佐神宮独特の拝礼の作法を例に挙げたものだ。

「二礼、四拍手、一礼」と聞いて、ピンときた読者も多いことだろう。そう、出雲大社でもこの拝礼作法がとられている。

国宝の本殿。二之御殿に祀られている比売大神は卑弥呼なのか

実は拝礼の際、「二礼、四拍手、一礼」とされているのは全国でも宇佐神宮と出雲大社だけで、起源は不明だ。出雲大社の項でも書いたが、井沢氏は、この四拍手を**「死拍手」**だとする。天皇家に祟る神を封印し、怒りを鎮めようとしたまじないの一種ではないか、というのである。

となると、この**宇佐神宮にも国を動かすほどの強大な力を持った〝何者か〟が鎮められているる**ということになる。

それも皇紀に登場する応神天皇、神功皇后を凌ぐほどの、ビッグネームだ。

卑弥呼の名前が出てくるのも自然な流れなのかもしれない。

❖「一生に一度だけ願いを叶えてくれる」パワースポット

さて、そんな宇佐神宮も、現在は金運上昇のパワースポットとして語られることが多い。最大のパワースポットとされるのは、上宮の境内にあるご神木だ。このご神木の周りを一周してからそっと幹に触れ、念じると願いが叶うという。

また、表参道から少し離れた場所にある粟島社《あわしま》そばの願掛け地蔵も「一生に一度だけ願いを叶えてくれる」という、有名なパワースポットだという。鬱蒼とした木々の間にある二体のお地蔵様で、心に思いを秘めた人々が絶えず訪れる。

「金運の神社」として名高い宇佐神宮だが、道鏡の事件や、何よりも〝国を統べる〟神々の思いを考えると、正しい思いを叶える「所願成就《しょがんじょうじゅ》」というパワーのほうが大きいのではないか、と筆者は考える。

一世一代の勝負をする際は絶対に外せない、パワースポットなのである。

幣立神宮〔へいたてじんぐう〕

熊本県上益城郡

万物の根源「造化三神」が鎮座する不思議の地

「九州のへそ」であり「日本のへそ」であり「地球のへそ」。そんなスケールの大きい異名をもつのが幣立神宮だ。この地に伝わる神話は、世界規模どころか宇宙規模。訪れたならば、必ずやスピリチュアルな世界を体験できることだろう。

（写真は鳥居と社殿）

「幣立神宮」の建つ、阿蘇の旧蘇陽町は九州のほぼ真中、九州の「へそ」にある。この〝九州のへそ〟と呼ばれる特異な場所には、天地のはじめのときに高天原に現われ、万物の根源となった最初の神々、「造化三神」が鎮座しておられたという。

つまり、**この地から〝高天原〟は発祥した**といえるのだが、さらに、幣立神宮は**〝元伊勢《もといせ》〟**の始発点だったともいう。元伊勢とは、アマテラス大御神が三重県伊勢市の「神宮《じんぐう》」に着座する以前に遷座されていたとされる神社だ。京都府福知山市の皇大《こうたい》神社《じんじゃ》、奈良県桜井市の檜原神社《ひばらじんじゃ》、同じく桜井市の長谷寺など、畿内を中心に転々と遷宮が繰り返されたというが、なんとその起点は九州にあったというのだ。

さらに驚くべきことに、「天岩戸《あまのいわと》」の洞窟も、この幣立神宮内に存在するという。天岩戸伝説は天上界の出来事だとされているが、本章ですでに紹介した宮崎県高千穂町にある天岩戸神社内をはじめ、全国の十五カ所以上がその舞台だと名乗りをあげている。

幣立神宮の境内には、太古から「八大龍王が鎮まる所」とされ、アマテラスの直系の孫にあたるニニギノ命とも縁があると伝わる「東御手洗《ひがしみたらい》」や、一万五千年前の太古から万世一系で命脈をもつとされる「日本一の巨檜《きよひ》」が存在する。

また、ご神体の「鏡石」には、世界最古の文字・シュメール文字とされる数多のペトログラフ（原初文字）が見られるという。

そもそも幣立神宮は、またの名を**「日の宮」**というのだそうだ。この言葉はアマテラスや、その子孫である天皇の住む御殿を意味している。

❖どこもかしこも、宇宙レベルの凄まじいエネルギーが拡散している

実際に幣立神宮を訪れると、落ち着いた気に溢れた、清々しい場所である。神社のそうそうたる逸話からは想像がつかないほど境内はこじんまりとしているが、伝説が残るどの場所からも、凄まじいエネルギーを感じることができるはずだ。

現在、幣立神宮には日本各地はもちろん、世界中から霊験にあずかろうと多くの参拝者が訪れ、人気は年々増しているというが、それも納得がいく。

さて「東御手洗」には左右二本の竹筒が出ており、清らかな水が流れ出る。手を洗うだけでなく、体にふりかけるのもいいらしい。もちろん飲んでもそのパワーを充て

「八大龍王が鎮まるところ」とされる
東御手洗

んできるという。友人は「左のほうが美味しいらしいよ」と推してくれたが、どちらも美味しくのどを潤してくれた。

さらに幣立神宮には、こんな神話が残されている。太古の時代、地球で人類が生物の王座に就いたとき、神様は「人類が仲良くならなければ、宇宙全体にヒビが入るかもしれない」と心配になった。そこで地球の中心にある幣立神宮に火の玉となって降臨し、檜《ひのき》の木となったという。

この檜を祀ったのが幣立神宮であり、檜に宿っているのがカムロギ・カムロミという神だといわれている。

太古の神が宿る「天神木」の超絶パワー

境内にある「日本一の巨檜」は、**「天神木」**と呼ばれ、この木は上部が枯れても朽ちることなく、根元から新芽が出続けている不思議な木だ。

全国の檜は、この天神木から発生したという。以前は木の頂上が千本の穂からなり、あたかも球体のような姿だったのだが、一九九一年の台風によりその部分が神殿の屋根に落下してしまったそうだ。

落下した頂は台風で神殿の屋根が飛ばないように護ったとされ、現在でも祀られている。

日本一の巨檜「天神木」。1万5千年前から万世一系の命脈をもつ

幣立神宮は、まさに「鎮守の杜」の名にふさわしい神社である。参道には高い檜や杉が立ち並び、昼間でも鬱蒼としていて近寄りがたい雰囲気である。

だが一歩足を踏み入れてみると、そこはまさに神域だ。

大自然のエネルギーが充ち満ちているのを感じられる。

❖トンデモないエピソードを多く持つ超絶パワースポット

そんな幣立神宮には、もう一つ面白い逸話がある。なんと、かの**モーゼの神面と水の玉が奉納されている**というのである。

ユダヤの失われた十支族のうち、一支族が日本へやってきているという説があるが、彼らが旧約聖書の「イザヤ書」に記された樹木を幣立神宮の天神木とし、この地にモーゼの神面と水の玉を奉納したというのである。

水の玉とは、モーゼが眼前に広がる海を分けて道にした際に使われた、二つの霊徳の玉のうちの一つだ。こんなワールドワイドな逸話からは、幣立神宮が「地球のへそ」といわれる由縁がよくわかるだろう。

五年に一度、大祭が行なわれる**「五色神祭」**には、国内はもちろん海外からの参列者も多いという。国境も人種も超え、「天地和合、万物和合」を唱和するのだ。中には有名なヒーラーも参加しているとか。実は世界のスピリチュアル界では、ここはかなり有名なパワースポットなのかもしれない。

地球人として、一度は行ってみたいパワースポットである。

✴コラム

アマテラス大御神は、実は「卑弥呼」だった!?

宇佐神宮の項で、「比売大神＝卑弥呼」という説があると書いた。ところが、その**卑弥呼は、なんと「アマテラス」ではないか**ともいわれているのだ。荒唐無稽と思われるかもしれないが、この前提で記紀と『魏志倭人伝』を見比べると、なるほど両者に共通点は多い。

まず、両者の性別が女性であるという点。中国の陰陽説はもちろん、ヨーロッパ宗教の源泉となったオルペウス教やグノーシス主義でも、太陽は「光、男性」、月は「闇、女性」と定義づけられている。女帝が国を統治するケースは度々見られるが、**太陽神が女神であるケースは極めて珍しい**。

そして、アマテラスも卑弥呼も、武力ではなく、己がもつ霊性で世界を統治する点も興味深い。

また、アマテラスが弟神のスサノオに悩まされていたように、卑弥呼は狗奴国《くなこく》の男の王である卑弥弓呼《ひみここ》の攻撃に苦しめられる。そして何より、アマテラス最大の騒動、「天岩戸事件」が卑弥呼の死と大きく重なるのだ。

回「女王・卑弥呼」と「太陽神アマテラス」の〝奇妙なリンク〟

アマテラスが天岩戸に隠れることで暗闇となった世界は混乱した。それと同じように、卑弥呼の亡き後、紀元二四八年、邪馬台国では内乱で多くの命が失われたばかりでなく、なんと**皆既日食が起きている**のだ。

太陽が一時的に姿を隠し世界が闇に包まれ、再び顔を出すことで光が戻る——この皆既日食の様子を、天岩戸伝説は下敷きにしていたのではないか。

そして、アマテラスが天岩戸から出てきて世界が平穏になったように、巫女の台与《とよ》が卑弥呼の代わりを務めるようになって、邪馬台国は統制を取り戻している。

そもそも卑弥呼の名前自体に、アマテラスを示すヒントが隠されているという説もある。「卑弥呼」の名の漢字は、単に音に漢字を当てていったにすぎない。現在の日本語漢字で卑弥呼の名を書くと、**「日巫女」**もしくは**「日御子」**ではなかったかというのだ。

その際、照らし合わせられるのがアマテラスの別名、大日孁貴《おおひるめのむち》だ。実際にこの別名を掲げてアマテラスを祀る神社は少なくない。名前の「孁」の字は訓読みすると「おんなのあざな」といい、巫女を意味するという。卑弥呼を「日巫女」と書き換えると……ほぼ一致しているといってもいいのではないか。

余談だが、宇佐神宮のある大分県付近は『古事記』の国生みの際、「豊日別《とよひわけ》」という名で誕生したという。卑弥呼の跡を継いだ巫女の名が台与。ここまでくると、偶然だとは言い切れなくなってこないだろうか。

3章

山岳霊場──

日本屈指の霊能力者たちの偉大な足跡

……吉野・高野山・熊野──「信仰の山」はこうして生まれた！

日本史上に名を刻む〝スーパー霊能力者〟役行者と空海

「ある宗教の始祖となるような人物は、世界中どのような例を見ても、〝なみなみならぬ霊能力〟の持ち主であることがほとんどだ」と、よく言われる。

そして日本にも、歴史上に名を刻んだ、二人のカリスマ霊能力者があった。一人は**役行者**《えんのぎょうじゃ》、そしてもう一人は——日本真言宗の開祖・**弘法大師**《こうぼうだいし》**＝空海**《くうかい》だ。

◆日本修験道の始祖・役行者

役行者こと、役小角《えんのおづの》は、七〜八世紀、日本の山岳信仰である**「修験道」**の祖となった。役行者は調伏《ちょうぶく》した二匹の鬼（前鬼・後鬼）を家来として常に従えて行脚し、その呪術で魔物を退治しては、人々を助けたといわれている。

彼は大和国《やまとのくに》葛上郡《かつじょうぐん》茅原郷に生まれ、葛城山《かつらぎ》に入り、山岳修行をしながら葛城鴨神社に奉仕した。やがて、日本古来の山岳宗教に陰陽道神仙術と密教を取り入れて、独自の修験道を確立したという。

この修験道とは、深山幽谷に分け入り命がけの厳しい修行をすることで、内なる霊力、修験力の開発をめざすものだが、そのための環境は、やはり〝大地のエネルギー〟を感受できる地であることが望ましかった。

そこで**役行者は、吉野の金峯山《きんぷせん》や大峯山《おおみねさん》のほか、多くの霊山を開いていった**のである。

しかし、保守的な神道側から疎まれ、伊豆大島に流された。その終焉にはなんと、**「天高く虚空に飛び去った」**という飛翔伝説が伝えられる。

◆日本仏教界のスーパースター・空海

一方、空海も数々の伝説を残している。日本全国、津々浦々を行脚して回った空海は、道端の病める者を霊力で癒した、その手に持つ錫杖《しやくじよう》で地を突くと温泉や霊水がこんこんと湧いてきた、あるいは干ばつに苦しむ地で雨乞いの祈禱をしたならば、たちまち三日三晩続く大雨を降らせたなど、数え切れないほどの不思議なエピソードが伝えられている。

空海が生まれたのは七七四（宝亀五）年。讃岐国多度郡《さぬきのくにたどぐん》の屛風浦《びようぶがうら》で、郡司《ぐんじ》をしていた佐伯直田公《さえきのあたいた》の三男として生まれた。幼い頃から神童として誉めそやされ、十八歳で大学寮に入学するも、僧侶・勤操《ごんそう》との出会いをきっかけに中退。

「我の求めるところは仏教にこそある」と、二十四歳になるまで故郷である四国をはじめ、各地で山岳修行に励むようになる。

そして、その修行の中で強い関心を抱くようになったのが密教だ。より深い学びを求めて空海は、入唐を決意。苦難の末、三十一歳で長安にたどり着き、密教はもちろん、仏教や儒教、道教、イスラム教、ゾロアスター教など、あらゆる宗教を学ぶ。

そんな彼が開いた聖地の中の一つが、**霊山・高野山金剛峯寺《こうやさんこんごうぶじ》**だ。

◆日本人は「山に神が宿る」と信仰し続けてきた

古来、日本人は山中を〝神聖な場〟であると見て崇めてきたが、修験道を確立した役行者と密教の大成者・空海の開いた聖地は、今なお多くの日本人の心をとらえてやまない。

とりわけ二〇〇四年に世界遺産に登録された、**役行者による修験道の「吉野」、空海による密教の「高野山」、神仏習合の「熊野三山」の三つの山岳霊場**は、日本人の山への崇敬を如実に伝えるものであろう。

本章では、そんな〝霊山・霊峰〟の聖地にフォーカスしていこう。

吉野山［よしのやま］

奈良県吉野郡

稀代の霊能力者・役行者が修行した聖山

役行者がこの地で出会った神・蔵王権現の像は、現在は秘仏として金峯山寺蔵王堂に安置されている。役行者がほかの神や仏には目もくれず、一心不乱に蔵王権現を探し求めた理由とは？

（写真は金峯山寺蔵王堂）

日本人にとって原始から山は、神々が降臨する聖域であり、死者が還る霊界であり、魑魅魍魎《ちみもうりよう》が跋扈《ばつこ》し、魔物が封印された異界だった。山を恐れ、山を崇めた人々は、山にこもり、修行をすることで霊性を手に入れようとした。この山岳信仰を体系づけたのが、**役行者**《えんのぎようじや》である。

役行者は、修験道の開祖とされる人物だ。『続日本紀《しよくにほんぎ》』によると、六三四（舒明《じよめい》天皇六）年に奈良の御所《ごせ》市で誕生し、十七歳のときには飛鳥の元興寺で孔雀明王《くじやくみようおう》の呪法を取得。その後、葛城《かつらぎ》山で霊力《れいりよく》、験力《げんりき》を開発する修行に励み、金峯山にて金剛蔵王大権現を感得した。

役行者は、六九九（文武天皇三）年に弟子の韓国連広足《からくにのむらじひろたり》の虚偽の密告で謀反の疑いをかけられ、伊豆大島に流罪になる。

しかし、その間も海上に浮かんだり、鬼を使役するなどの霊力を発揮。空中を飛んで富士山をはじめ、関東・東北一円の霊山を開くなど、精力的に修行を続けたようだ。

役行者。海上に浮かび、空中を飛ぶほどの霊力を持ったという

七〇一（大宝元）年に無罪がわかり都に戻され、同年六月七日に入寂《にゆうじやく》（僧が死ぬこと）するが、その信仰は生き続け、後の空海へと引き継がれた。

その生涯を見てもわかるように、役行者は奈良・吉野の山中で厳しい修行に励み、数々の寺院を開いてきた。**金峯山寺**も彼が開創した密教寺院の一つだ。

一八七四（明治七）年に明治政府が修験道を禁止したため一時廃寺になってしまうが、一八八六（明治十九）年に復興し、一九四八（昭和二三）年に金峯山修験本宗の総本山となった。

「過去」「現在」「未来」に渡り衆生を救う〝青き異形の秘仏〟

さて、その境内に足を踏み入れてまず驚かされるのが、国宝である本堂の**蔵王堂**がもつ威圧感だ。高さ三四メートル、四方三六メートルと巨大で、檜皮葺《ひわだぶき》の建物としては世界一の大きさを誇ることでも知られる。

建物に安置されているのは、秘仏である三体の蔵王権現。権現とは「仮りに現われる」という意味で、それぞれ**釈迦如来《しやかにょらい》**、**千手観音《せんじゆかんのん》**、**弥勒菩薩《みろくぼさつ》**が、〝青き異形の姿〟で

異様なまでの迫力。魔を破る異形の青い仏、蔵王権現

現われたものだという。

上の写真の中央の尊像は七・二八メートル、向かって右側の尊像は六・一五メートル、左側の尊像は五・九二メートルもあるほど巨大である。

この釈迦如来は「過去」を、千手観音菩薩は「現在」、弥勒菩薩は「未来」を現わしており、三世に渡って衆生を救うという。秘仏のため、めったに拝観することはできないが、これらの仏像には〝なみなみならぬパワー〟が秘められているという。

ちなみに、二〇一四年三月二十九日～六月八日、および十一月一日～三十日には、「国宝仁王門大修理勧進・世界遺産登録十周年慶讃」ということで、この秘仏本尊が開帳されることになっている。

❖役行者が一心不乱に念じ、ついに出現した〝変化神〟

この「蔵王権現」について、面白いエピソードがある。

ある日、役行者は大峯山・山上ケ岳の山頂の巨岩に鎮座し、乱れた世の中において悩み苦しむ人々に対する救いを求めていた。彼が一心不乱に経を唱えていたところ、突如、弁財天が現われた。しかし、その表情は柔和で物腰も優美だ。役行者は首を振り、「あなたではない」と強く念じた。すると弁財天は天河の地へと降りた。これが後の天河大弁財天社《てんかわだいべんざいてんしゃ》である。

次に役行者の前に出現したのは、地蔵菩薩だった。しかし、地蔵菩薩は弱い人々を救うという慈悲の性質を持つ。「あなたでもない」、役行者は念じた。地蔵菩薩は川上村へと降りたった。菩薩は丹生《にう》川上《かわかみ》神社に祀られた。

続いて釈迦如来、千手観音菩薩、弥勒菩薩と次々に出現するのだが、ことごとく彼が求める神仏とは違う。役行者は**「この末世にはびこる悪に厳しく立ち向かい、制圧**

するような神よ、どうか出現してください」と一心不乱に祈った。

するとあたりに雷鳴が轟き、天地が激しく揺れ動いた。空が光り、落雷が落ちたかと思うと地に深紅の炎がメラメラとあがり、中から右手に金剛杵《こんごうしょ》を持ち、刀印《とういん》を左手で結び腰にあてた、不動明王さながらの憤怒の形相の男神が出現した。

「あなたこそ、私が求めていた神だ」

小角はその姿を山中の木に彫りつけ、祀った。この神こそが金峯山寺が祀る「蔵王権現」、先の釈迦如来、千手観音菩薩、弥勒菩薩の三尊が一体となった、変化神だ。

蔵王権現は日本独自の神で、吉野が桜の名所となったのは、役行者がこの蔵王権現を彫りつけた木が桜だったことに由来する。

平安時代以降は〝蔵王権現に生きた桜を献上したい〟と、身分を問わずこぞって吉野山に桜を植え、吉野山に至る道中はあちこちで桜の苗木販売の人で賑わったという。この風潮は明治期まで続き、中には数千本も寄進する人物もいたようだ。

吉野の桜は蔵王権現の霊験を求める人々の願いの結晶というわけだ。

高野山「こうやさん」

和歌山県伊都郡

弘法大師は、今もこの山中に生きている!?

標高約九〇〇メートルの山中に、実に百十七もの寺院が建ち並ぶ高野山。「祖先の霊がとどまる霊山」と呼ばれるこの地では、ある驚くべき噂がまことしやかに語られているのだが……。

（写真は金剛峯寺・主殿）

高野山は山の名前でも、寺の名前でもなく、中身は真言密教の一大道場だ。周囲を山々に囲まれた、標高約九〇〇メートルの山中に百十七もの寺院（うち五十二カ寺が宿坊《しゅくぼう》）が点在する。

この高野山を一大宗教都市にならしめたのは**「弘法大師＝空海」**である。

真言密教の修行の場を求めていた空海が、嵯峨《さが》天皇にこの山の下賜を願い出たのは八一六（弘仁七）年。

空海が入山する以前からも、高野山は地元の民や狩人から、「祖先の霊がとどまる霊山」として崇められていたというから、もともと、なみなみならぬ霊気漂う場所でもあったのだろう。

麓にある丹生都比売《にうつひめ》神社に祀られる丹生都比売大神が、空海が寺を開くにあたって、山を貸し与えたとも伝えられているそうだ。

また、高野山の地は、高野山自体が風水的にも吉相で、大地のエネルギーが凝縮して湧

日本仏教界のスーパースター、
弘法大師・空海

き出る「龍穴《りゆうけつ》」をもっていた。金剛峰寺は、そのほぼ中央に位置する。この事実は、決して偶然の産物ではないだろう。

さて、嵯峨天皇から許可が下りると、当時四十三歳だった空海はすぐさま伽藍《がらん》建立に取りかかった。しかし、その広大さゆえ一代では終わらなかった。空海の思いは弟子たちに引き継がれ、空海入定《にゆうじよう》（詳細は後述）の数十年後にようやく完成している。

しかし、九九四（正暦五）年の落雷による火災で寺のほとんどが焼失してしまい、一時は無人に近い状態にまで陥ってしまう。

この危機から復興させたのは、空海の**入定信仰**の広がりだった。

❖空海は今も「奥之院」に生き続けている!?

入定とは、僧や行者が断食などの修行ののちに、自ら生死の境を超えることをいう。

そして、釈迦の入滅後、五十六億七千万年後に人々を救いにやってくるとされる、弥勒菩薩の出現のときまで、天界にあって衆生を救うのだとされている。

八三二（天長九）年、空海は穀類を断ち、坐禅修法《ざぜんずほう》に専念した。そして、その二年後の八三四（承和元）年、一番弟子の真然《しんねん》に山をまかせることを告げるとともに、翌年三月二十一日寅《とら》の刻に入定すると予告したのだ。

そして三月十五日、御影堂《みえいどう》北の中院において座禅を組み、手に大日如来の印を結ぶと、いよいよ入定の準備に入った。弟子たちが弥勒菩薩の宝号を唱え続ける中で、日に修法を四度、行なった。やがて**空海が目を閉じ言葉を発さなくなったのは、日時とともに予告の通りのときであった**という。

四十九日の供養が終わると、弟子たちは師を輿に乗せ、奥之院内の石室《せきしつ》に運んだと伝えられている。

話はこれだけでは終わらない。空海入定後、八十七年がすぎた九二一（延喜二十一）年のこと。醍醐《だいご》帝によって、諡号《おくりな》「弘法大師」が下賜されることになった。

真然の孫弟子である観賢《かんげん》が、それを伝えるため石室に入ると、なんと**空海が生前そのままの姿で座っており、ぼろぼろの衣に髪は伸び放題だった**という。驚きながらも

奥之院では現在も朝昼の2回、空海のための食事が用意される

観賢はその衣を替え、髪をそったと伝えられている。

このようなことから、**「弘法大師は亡くなったのではなく、今も奥之院に生き続けて、この世のあらゆる事象のためにお祈りを続けているのだ」**と囁かれるようになって広まったのが、「入定信仰」だ。

これに、いつのまにか当時流行していた「納骨信仰」が結びつき、高野山は再び人々からの熱いまなざしを受けるようになった。

納骨信仰とは、遺骨の一部を高野山に納めることによって弥勒菩薩の出現のときに生まれ変われるというものだ。

高野山には上は大名から下は無名の庶民に至るまで、宗派を越えて多くの墓標や供養塔があるが、「空海は今も生き続けている」と、空海が鎮座する奥之院の弘法大師廟には、現在でも朝昼二回、毎日欠かすことなく食事が運ばれているのだという。

❖最もパワーが強い、空海が座す「奥之院」

そう、空海が今なお祈り続けているとされる、この「奥之院」こそ、広大な高野山の中でも、最もパワーが強いとされている場所なのだ。

御廟橋《ごびょうばし》を渡ると、空気がピンと張りつめるのをいやでも実感させられる。

そもそも、諸大名をはじめとする墓標へとつながる橋、一の橋からすでに**「人間の世界ではない」**のだそうだ。確かに空海の御廟へと続く参道

「龍穴」に墓を建てると一族が栄えるというが――豊臣家墓所

の両端に皇室、公家、大名の墓などおよそ二十万基が立ち並ぶ様子はこの世のものとは思えない。

ところで、風水では**「龍穴」にお墓を建てると一族が代々栄える**のだという。それは死者となった先祖の気と、子孫の気が感応するからだそうで、死者を敬うことは、自分とその家族の富や繁栄につながるのだそうだ。

興味深いことに、ここには空海はもちろん、法然や親鸞、平敦盛《あつもり》に織田信長、上杉謙信、武田信玄と、歴史上の人物の墓が、敵味方に関係なく並んでいる。近年においても、松下幸之助など一流の企業人らも、ここを墓所に選んでいるのだそうだ。

高野山の象徴「根本大塔」

❖「この地こそ密教を広めるにふさわしい」

さて、空海が高野山の象徴として建立した**「根本大塔《こんぽんだいとう》」**の、極彩色溢れる世界はぜひ堪能していただきたいが、ここで見落とせないのが、大塔と金堂のちょうど間に立つ、**「三鈷《さんこ》の松」**だ。

この松にはこんなエピソードがある。空海は唐から帰国する際、「日本で真言密教を広めるために、最もふさわしい場所はどこか」と念じ、日本に向けて密教の法具・三鈷杵《さんこしょう》を投げた。すると、たちまち紫雲がたなびき、三鈷杵は雲に乗って飛んでいってしまった。

その後、空海が高野山近辺を訪れたところ、狩人から**「夜な夜な光を放つ松がある」**という話を聞かされる。早速、その松のもとへ行ってみると、なんと空海が唐から投げた三鈷杵が松の枝に引っかかっていたのだ。**「この地こそ密教を広めるにふさわしい」**と感じた空海は、高野山に道場を開くことを決心し、この地に金剛峯寺を開いたのだという。

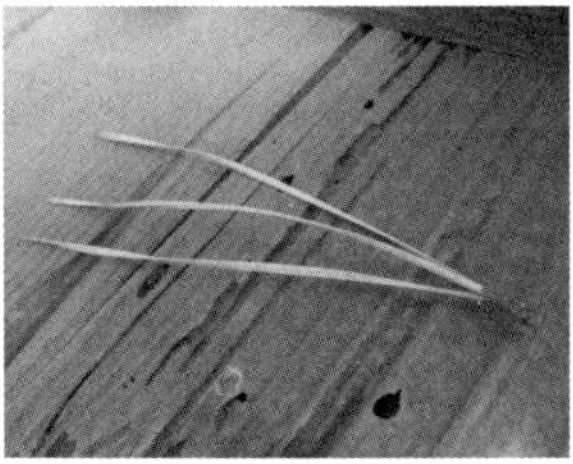

縁起物の「三鈷の松」――
葉が三つに分かれている

不思議なことにこの松は、葉が三つに分かれた三葉の松だった。三鈷杵をほうふつさせるとして、今でも「三鈷の松」として大切に祀られている。そのため〝縁起物〟だと、この松の落ちた葉を持ち帰り、お守りにする参詣者も多い。

ここがパワースポットでなければ、どこを指すのだろう。土地に流れるエネルギーと信仰のもつパワー、ぜひ、全身で体感してもらいたいものである。

❖空海を〝高野山へ導いた神〟とは——？

もう一つ、空海ゆかりの山岳霊場を紹介しておきたい。千七百年以上も前に創建されていたという歴史を持ち、高野山と同じく和歌山県伊都郡にある**丹生都比売神社**《にうつひめじんじゃ》だ。

人里離れた山の中にもかかわらず、古来より高野山の鎮守の神として知られ、多くの僧がこの地を訪れ、修行を行なった。空海もその一人であった。空海が高野山に真言密教の総本山を建てたのも、この丹生都比売神社との出会いからだという。

この丹生都比売神社の最も特異なのは、本殿に四柱の神様が並列して祀られている点だ。

太鼓橋から丹生都比売神社の楼門を望む

千七百年前の鎮座当初は丹生都比売大神一柱だったという。それが、修験者や皇室、幕府との関わりの中で、増えていったのだろう。今では一つひとつの内部に神様を祀るため、四棟の本殿が雅やかに並ぶ。この四社殿と室町時代に建築された楼門は、重要文化財にも指定されている。

当然ながら御神徳はそれぞれに異なるが、第二殿に祀られている高野御子大神《たかのみこのおおかみ》が、弘法大師を高野山に導いた、人生の幸福への導きの神だ。

ところで、この神社を現在のような地位に至らしめたのは、なんといっても水銀の存在だろう。古くは水銀のことを丹生《にう》といったが、社名からもわかるように、この地は、水銀が豊富に採れる場所だった。

水銀は今では毒物のイメージが強いが、当時は**不老不死の薬や、即身仏を作る際の防腐剤**としても珍重された。さらに硫黄との化合でできる火のように赤い「水銀朱《すいぎんしゅ》」は、罪や穢れを祓い清め、悪霊を追いはらう呪力を持つとして、寺社仏閣でしばしば利用された。

丹生と魔除けとの関わりを感じながら、改めて丹生都比売神社を見てみよう。深い緑の中に燃えるようにして浮かぶ朱は、確かに心身の邪気を削ぎ落としてくれる。

熊野三山［くまのさんざん］

和歌山県田辺市・新宮市・東牟婁郡

人生をリセットする〝甦りの地〟

熊野本宮大社、熊野速玉大社、熊野那智大社……。熊野三山は、かつて「蟻の熊野詣で」という言葉が生まれたほどの超人気パワースポットだ。そして、人々が今なお求める熊野独特のご利益があるそうだが……。

（写真は熊野古道）

かねてから、筆者が一度は参詣したい聖地のナンバーワンは「熊野」だった。以前、知人から**「熊野に行けば、自分が会いたいと思う死者に会える」**という話を聞いたことがあったからだ。確かに熊野は死の香りが漂う土地だ。

修験者、皇族、貴族、武士から庶民まで熊野を参詣し、**「蟻の熊野詣で」**といわれた歴史をもつ。現在はスピリチュアルな旅として「熊野古道」を歩くことがブームにもなっている。

この地は古くから〝異界〟〝黄泉の国の入口〟と考えられていたようで、『日本書紀』には、イザナミノ神が葬られた場所として登場する。海岸沿いに**「花の窟《いわや》」**と呼ばれる、高さ七〇メートル、幅八〇メートルにも及ぶ岩壁を祀った「花窟神社」があるが、この地こそ**イザナミが葬られた場所**なのだという。

「花の窟」――この地にイザナミは葬られたのか

窟の下にはイザナミのお墓があり、向かい

合うようにしてイザナミの死のきっかけになった火神カグツチのお墓が建つ。

❖〝神〟と〝死者の霊魂〟が隠る所

熊野という名称もまた面白い。

「クマ」には「こもる」という意味があるそうで、この「こもる」は「神が隠《こも》る所」という意味にも、「死者の霊魂が隠る所」の意味にもとれるのだそうだ。

「神の使い」として信仰される八咫烏

また、この地では日本サッカー協会のシンボルマークでもある「八咫烏《やたがらす》」が神の使いとして信仰されている。鳥葬《ちょうそう》が行なわれている土地では、カラスなど屍体をついばむ鳥は「神様との橋渡しをしてくれる神聖な存在」だといわれている。

そもそも、平安時代に流行したという熊野信仰は「先祖と出会える」「現世の穢れを落とせる」「来世の安楽を得られる」という**〝甦《よみがえ》り信仰〟**だった。甦りとは、黄泉返りと記すこともできる。こう書くとおどろおどろしく感じられるかもしれないが、安心してほしい。

現在では〝甦り〟を〝人生の再出発〟ととらえるため、**熊野は人生のリセットができるパワースポット**として人気なのだそうだ。

さて、「熊野」とひと言でいうが、そのエリアは広い。熊野に建つ**熊野本宮大社、熊野速玉《はやたま》大社、熊野那智《なち》大社**の三社をあわせて「熊野三山」と称されるが、すべて参拝するとなると、車で一日がかりを覚悟したほうがいい距離だ。

❖〝生と死〟への思いが美しく緑に溶け込む古道

もし、どれか一つを巡るとしたら、やはり熊野信仰の総本山と仰がれる「熊野本宮大社」をおすすめしたい。

熊野本宮大社が創建されたのは、崇神天皇六十五年と伝えられる。祭神は、スサノオノ命の別名とされる家都美御子大神《けつみみこのおおかみ》だ。神仏習合説では、本地《ほんじ》（仏としての正体）

は阿弥陀如来とされている。古くはクマノニイマス（熊野にいらっしゃる）神とも呼ばれていたという。

鳥居をくぐると百五十八段もある石段が見える。この階段は一歩一歩、神様に近づく気持ちで登ろう。そして、手水舎で心身を清める。一礼をして神門をくぐったら、まず参拝したいのが第三殿だ。この第三殿が本社でスサノオが祀られている。

そして、向かって左側の第二殿の速玉大神（イザナキノ神のこと）、第一殿の夫須美大神（イザナミのこと）をお参りする。続いて向かって右側の第四殿のアマテラス大御神を参拝したら、さらに右側に祀られる結びの神、八百万の神に手を合わせる。

熊野本宮大社の境内は全体が神聖な空気に包まれているが、時間があるならぜひ、**「中辺路《なかへち》」**と呼ばれる古道を歩いてほしい。この古道こそ、古来より人々が〝甦り〟を祈願しながら歩いた道だからだ。はるか向こうまで木々が生い茂る、豊かな自然を感じながら足を進めていると、心がリフレッシュされていくはずだ。

天河大弁財天社

「てんかわだいべんざいてんしゃ」

奈良県吉野郡

三大霊場の中央に佇む
“神秘の社”

高野、吉野、熊野を結んだ三角形の、ちょうど中心部。天河大弁財天社は、その立地条件からして特別な地だ。南朝の拠点として、歴史上重要な役割を果たしたほか、「日本」という国名も、なんとこの地で生まれたのだという。

（写真は鳥居）

天河大弁財天社、通称・天河神社《てんかわじんじゃ》は、日本の三大霊場である高野、吉野、熊野を結んだ三角形のちょうど中心に位置している神秘の社《やしろ》だ。

厳島《いつくしま》、竹生島《ちくぶしま》とならぶ「日本三大弁財天」の一つであり、海抜一〇〇〇メートル級の山々に囲まれているが、**この高度から発せられる〝気〟は、人間が胎内にいるときの〝気〟にほぼ等しい**のだそうだ。

どの立地条件をもってしても、神秘的で興味深い。

❖「日本」という国名は〝神秘のパワー〟が充満するこの地で生まれた！

天河神社の歴史は古いが、社殿ができる前からこの地には神が住まう磐座《いわくら》があり、古代の神事で極めて重要な役割を果たしてきたという。

言い伝えによると、**神武《じんむ》天皇が「ヒノモト」という言葉を天から賜ったのも、この磐座に祈りを捧げたときだった。**「ヒノモト」とは恐らく「日本」という言葉の語源だろう。とすれば、「日本」という国名はこの地で生まれたということになる。

この地に社が建立されたのは七世紀。天武《てんむ》天皇が戦勝祈願の功に対する感謝の印として寄進したというから、皇室とは縁が深かったのだろう。
十四世紀の南北朝の戦乱の際、天河の地は南朝方の重要な拠点として、後醍醐《ごだいご》天皇、護良親王《もりよししんのう》、後村上《ごむらかみ》天皇、長慶《ちょうけい》天皇、後亀山《ごかめやま》天皇らを擁護し続けたが、天河神社においても、彼らの武勲を祈り、悲しみを癒し続けた。

また、この土地には聖なる神秘のパワーが充満していたようで、七世紀頃、修験道の祖である役行者らもまた、この天河の地を長年に渡って活動の拠点にし、奈良県吉野の大峯山に七十五靡《なびき》の道場を開山している。
空海もこの天河大弁財天社で修行を行なった修験者の一人だ。そのため天河神社には空海ゆかりの密教法具や遺品などが残されている。

さて、天河神社のご祭神は弁財天・イチキシマヒメノ命だが、弁財天を祀るようになったのは七世紀前半。前述したとおり、役行者が大峯山の一つ、山上ケ岳で国の平和を祈願したところ、弁財天が現われたことに起因する。弁財天は優雅な女神である。荒々しい山上ケ岳の守護には似つかわしくない。

そこで役行者は、天河神社の後ろにそびえる水の神の山である弥山《みせん》にイチキシマヒメをお祀りした。そのため天河神社の奥の院は弥山の山頂にあり、イチキシマヒメは天河神社でも祀られるようになった。

ところでこの弥山の名は、仏教の世界観を表わした須弥山《しゅみせん》から名付けられたそうだ。「須弥山」は「中心にそびえる霊山」という意味。大峯山系の中心にそびえる、この山にふさわしい名称だといえよう。

❖神器「五十鈴」とは——

弁財天といえば、天河神社に古くから伝わる神器、「五十鈴《いすず》」も弁財天に由来するものだ。

アマテラス大御神が天岩戸に隠れたとき、なんとかアマテラスを岩戸から出そうと、芸能の女神・アメノウズメノ命が神代鈴《かみよのすず》をつけた矛を持ち、舞い踊った。このとき、アメノウズメが鳴らした

神話の時代から伝わるという
天河神社の神器「五十鈴」

神代鈴こそ、天河神社の五十鈴なのだそうだ。

三つの丸い鈴がトライアングル状にむすびつけられている様は、その形態だけで神秘的だ。ちなみに、それぞれ「いくむすび」「たるむすび」「たまめむすび」という、魂の進化にとって重要な三つの魂の状態を表わしているという。

ところで、天河大弁財天社にまつわる逸話に**「しかるべきとき、しかるべき状態でないと参拝できない」**というものがあるのだそうだ。万全の態勢で参拝に臨んでも、〝時期尚早〟のときには、なぜかこの地にたどり着けないのだという。

伊曽乃神社
［いそのじんじゃ］

愛媛県西条市

霊峰・石鎚山に語り継がれる
〝神々の恋〟

山岳信仰がさかんな四国の地に鎮座する伊曽乃神社。伊曽乃の女神は、付近にそびえる石鎚山の男神と恋に落ちるが、それが思わぬ結末を招くことに。石鎚山が「七月一日だけは女人禁制」である、ちょっと切ない理由とは？

（写真は本殿）

四国といえば、空海が開創した四国八十八カ所にまつわる仏教寺院を思い起こされる方も多いかもしれないが、四県ともに山岳信仰、海洋信仰、観音信仰、浄土信仰など、多くの古代信仰の跡を有した土地だ。

愛媛県西条市にある伊曽乃神社も、その例に漏れない。

皇祖神アマテラス大御神と国土開発の祖神であるタケクニコリワケノ命を祀る伊曽乃神社が創建されたのは、約千八百年前。

もともとは土着の神様を信仰していたようだが、西暦一三七(成務天皇七)年、伊曽乃神社が鎮座する東予《とうよ》地方を開拓に訪れたタケクニコリワケが、アマテラス大御神の荒魂を祀ったのがはじまりのようだ。

また、石鎚山《いしづちやま》は山岳信仰の山として知られ、**日本七霊山の一つ**にも数えられている。日本修験道の始祖・役行者や空海もこの山で修行したと伝えられているのだ。

伊曽乃神社にはこんな伝説が残っている。

その昔、西条《さいじょう》を流れる加茂川《かもがわ》のほとりで、**石鎚山の男神**と**伊曽乃の女神**が出会った。

ほどなくして二人は恋仲となり、女神は石鎚の神に結婚を迫った。しかし石鎚の神は、「自分は石鎚山で修行を続けなければならない身ゆえ、結婚はできない」と断った。

石鎚山は、古来より修験者の山で、女人禁制とされていた。時代の流れとともに制約がゆるくなった現代でも、**「七月一日だけは女人禁制」**とされているほどだ。

同行することすらできず泣く女神に、石鎚の神は、

「修行を終えれば結婚するから待っていてほしい。山頂から三つの大石を投げる。真ん中の大石が落ちた場所に館を造って、その日がくるまで待ってくれ」

“女人禁制”の霊山・石鎚山。今も伊曽乃の女神の怒りを恐れているのか

と告げ、山を登った。

約束通り、石鎚の山から大石が三つ落ちてきた。この場所に営まれたのが伊曽乃神社だという。

この話には後日談があり、石鎚の神は結局、女神のもとに戻ってこなかったのだという。しかし、罪悪感でいっぱいだったのだろう。「待ちくたびれた女神が、自分を追いかけて石鎚山を登ってきたらどうしよう」と、女神から逃げるべく石鎚の神は天に右足をあげた。

石鎚大権現の像は右足を上にあげているが、それは伊曽乃の女神の怒りを恐れたためのポーズなのだという。なんとも微笑ましくも恐ろしいエピソードだ。

❖強いエネルギーをビンビン放つ〝神の投げ石〟

地元にはまた、こんな伝説も残る。

石鎚山麓の住人は、古来より〝伊予《いよ》の高嶺《たかね》〟と呼ばれる石鎚の峰を神として崇め奉っていた。しかし、石鎚の峰はあまりにも険しく、簡単にはのぼれない。さらに女人は近づくことすらできない。遠くから憧れるだけしかできなかった人々は、せめて石鎚の神を麓で祀りたいと願った。しかし石鎚の神は、「その願いを叶えてあげたくはあるが、やはり石鎚は霊峰であり、神体山だ。今はどうしても降りることができない。その代わり自分の分霊として石を送るから、そこに宮を構えて待つように」

と断り、御神託を告げた。この石を祀った場所こそ伊曽乃神社だという。

そう、この神野に暮らす人々にとって石鎚の峰は、神社がない時代からの信仰の対象だったのだ。

この**「霊石」**は、大鳥居の傍らに**「石鎚の投げ石」**として鎮座している。確かに、そばに立つだけで霊気がビンビンと感じられる不思議な石だ。

伊曽乃神社のご神体は、確かにアマテラスとタケクニコリワケに違いない。しかし古代の伝説を鑑みても「石鎚の投げ石」こそ、この神社の核であり、最高のパワースポットに違いない。

✴コラム

富士山は日本一のパワースポット

二〇一三年六月に世界文化遺産に登録された富士山。いわずと知れた日本一の霊山であり聖地だ。

万葉の歌人・高橋蟲麻呂《たかはしのむしまろ》が詠んだ歌に「日本《ひのもと》の大和の国の鎮めとも います神かも宝とも なれる山かも駿河《するが》なる 富士の高嶺は見れど飽かぬかも」というものがある。富士山は見る者すべてを虜にする不思議なパワーがあるのだろう。

さて、富士山には「浅間大神《あさまのおおかみ》＝コノハナノサクヤビメ」が祀られている。紀元前二七（垂仁三）年、第七代孝霊《こうれい》天皇の頃に大噴火したため村人が逃げ去り、荒れ果てた状態を憂えた第十一代垂仁《すいにん》天皇が祀ったことを起源とする。

ちなみに「浅間」とは古語で「火山」を意味し、さらに富士山のことも指す。

回 なぜ富士山に〝美しき女神〟が祀られている？

コノハナノサクヤビメは、オオヤマツミノ神の娘で、大変見目麗しいことで有名だった。そんな女神を一目見て心を奪われたのが、天孫降臨したニニギだ。ニニギはコノハナノサクヤビメを妻（皇后）に娶るが、コノハナノサクヤビメはわずか一夜にして、ニニギの子を懐妊する。あまりにも早すぎるタイミングに、ニニギはコノハナノサクヤビメの不義を疑った。

身の潔白を証明するため、コノハナノサクヤビメは出口のない産屋を建て、「もし、お腹の子があなたの子でなければ、出産は成功することはないでしょう」と言い残し、周りに火を放つ。炎の中で生まれたのはホスセリノ命、ホデリノ命（海幸彦《うみさちひこ》）、ホオリノ命（山幸彦《やまさちひこ》）の三人の皇子だった。

自身がもつ〝水の力〟で、火中にありながら皇子を無事に出産した――コノハナノサクヤビメにはこうした「水徳」があったため、富士山にお祀りして以降は、ひんぱんに噴火することはなくなったと考えられた。

浅間大社の大鳥居。境内の中でも特に強力なパワースポットだ

回富士山の八合目以上は浅間大社「奥宮」の境内！

さて「垂仁天皇によって祀られた」といっても、当初は山麓に社があるだけのシンプルな造りだったようだ。

現在の地に「富士《ふじ》山本宮浅間大社《さんほんぐうせんげんたいしゃ》」として社殿が建立されたのは、八〇六（大同元）年。平城《へいぜい》天皇の命を受けた坂上《さかのうえの》田《た》村麻呂《むらまろ》が山宮から遷座したと伝えられている。

以後、富士山には修験道者だけでなく、多くの人々が参拝するようになった。

「富士山本宮浅間大社」は境内全域が富士山の強大なパワーを受けたスポットと

されるが、最も強烈なパワーを放つのが、鳥居から富士山が望める場所、そして**「湧玉池《わくたまいけ》」**だ。

富士山の雪解け水が濾過されて湧き出た泉で、国の特別天然記念物にも指定されている。清水が湧き出る水源の岩上にある「水屋神社」に行けば、御霊水をいただくこともできる。富士登山者は、この水で御祓をしてから登山に向かったという習わしがある霊水だ。

回 〝富士の裾野〟に広がるパワースポット

さて、富士山の絶大なる聖地パワーは、その頂上に登らなくても得ることができる。富士山近郊には多くのパワースポットがある。富士の裾野には、富士山の地下から流れる清らかな水が大量に湧き出しており、広い範囲で浄化されている。

富士山ゆかりのパワースポット巡りで、幸運を充電してみるのはいかがだろうか。

新屋《あらや》山神社《やまじんじゃ》（山梨県・富士吉田市）

富士山観光でぜひ立ち寄りたいのが〝金運神社〟こと新屋山神社である。富士山の二合目にある小さな神社で、呼び名の通り金運に効く神社だ。「参拝したら宝くじが当たった！」という報告もあり、多くの参拝者が訪れている。

冨士御室浅間神社《ふじおむろせんげんじんじゃ》（山梨県・南都留郡《みなみつるぐん》）

河口湖のそば、富士山の二合目に位置する。富士山最古の神社であり、武田信玄ゆかりの神社としても知られている。最近になって、ここは第二の金運神社と呼ばれるようになり、人気急上昇中である。

魔王天神社《まおうてんじんじゃ》（山梨県・南都留郡）

魔王という変わった名を拝した神社である。軍神、剣神であるフツヌシノ神を祀っており、拝殿には多くの剣が見られる。天狗ともゆかりがあるようで、男性的なパワーに満ちている。力を借りたい「ここぞ」というときにおすすめだ。

忍野《おしの》八海《はっかい》（山梨県・南都留郡）

富士山の湧き水によって作られた八つの池が集まった場所である。国の天然記念物にも指定される富士山絶景ポイント。

八つの池は一つひとつが霊場となっていて、それぞれに神が住むと言われている。冬の朝には霧が立ちこめ、幻想的な風景になるという。富士登山前の清めの場でもあったため、非常に澄んだ空気に包まれたパワースポットである。

薬明神社《やくめいじんじゃ》（山梨県・南都留郡）

西湖の近くにある小さな神社だが、ここは癒しのパワー溢れる神社である。そ

忍野八海と富士山。冬場の景色は特に美しい

の名の通り〝医療の神〟として近隣の人々から信仰されている。富士山から流れる豊富で良質な水の蒸気が流れてきているのか、すがすがしい雰囲気が溢れている。心身ともに疲れたとき、ぜひ訪れたい社だ。

白糸《しらいと》の滝（静岡県・富士宮市）

富士山の雪解け水が流れているといわれている、高さ二〇メートルの滝。ここは悪い邪気を取り払ってくれるというパワースポットとして有名だ。毎秒一・五トンという滝の前は、マイナスイオンが大量発生し、心身ともに浄化されるだろう。

柿田《かきた》川湧水群《がわゆうすいぐん》（静岡県・駿東郡）

富士山からは少々離れるが、ぜひ訪れてほしいのが、この柿田川湧水群だ。富士山の伏流水が一日に一〇〇万トンも湧き出すという、東洋一の湧き水群。神秘的な碧さの水が、ものすごい勢いで地下から湧き出してくる様を見られる。富士山の地表を通ってきたパワー溢れる水を飲めば、体の中から浄化できるはずだ。

4章

魔界都市——京都に張り巡らされた〝結界〟の謎

……〝千年の都〟を護り続けてきた驚くべき呪術性

その〝五芒星〟は京都御所を護る「怨霊封じ」なのか⁉

１章末のコラムで「高千穂レイ・ライン」や「出雲レイ・ライン」を紹介した通り、パワースポットというものは、ラインでつながると、そのパワーをより増幅させるのではないかと考えられる。

地形から大地を流れる〝気〟を読みとり、利用する「風水学」という学問の存在を考えても、それは事実なのだろう。

実際、風水学を用いて桓武天皇が創建した平安京は、天皇家が長期間、都を構えた数少ない都市であり、現在も繁栄し続けている。

それを裏付けるかのように、平安京に関わるレイ・ラインがある。**「近畿五芒星レ**

イ・ライン」だ。

これは、日本の聖地の中でもトップクラスだといわれるパワースポット、京都府福知山市の**皇大神社《こうたいじんじゃ》（元伊勢）、滋賀県の伊吹山、伊勢神宮、熊野本宮大社、淡路島の伊弉諾《いざなぎ》神宮**を結ぶと、五芒星が現われるというもの（181ページ参照）で、京都御所がこの中にすっぽりおさまる。

そのため、**「桓武天皇によって、怨霊封じのために配置されたのではないか」**とも囁かれているのだ。

◆桓武天皇が張り巡らせた〝魔を退ける結界〟

奈良時代末期、国内は政治的な混乱の中にあった。仏教を手厚く保護したことから、僧侶の発言力が強まり、さまざまな弊害が生じてきたのだ。

最も顕著な例が僧・道鏡だろう。政治に口を出すばかりか、寵愛を受けていた称徳天皇を利用して、自身が天皇の地位につこうと目論んだほどだ。もちろん、その陰謀は阻止されたが、皇位争いをはじめ、貴族、僧侶間の暗殺も頻発するなど、平城の都は混乱に陥っていた。

そんな中、七八一（天応元）年に桓武天皇が即位すると、すぐに新都の造営がスタートした。とにかく、すべてを一新しようというのだ。そして七八四（延暦三）年、都は平城京から、風水で吉と出た長岡京へと遷される。しかし、この都は十年も経たずに平安京へと遷都されることになる。その理由は――〝怨霊《おんりよう》〟だった。


桓武天皇が譲位する際、先代の光仁天皇から「おまえの弟・早良親王《さわらしんのう》を皇太子にするように」と、固く言い遺されていた。しかし妃との間に安殿親王《あてのみこ》が生まれると、桓武天皇はこの我が子にこそ皇位を継がせたいと考えるようになる。

そんな折、藤原種継《たねつぐ》が暗殺されるという事件が起こると、桓武天皇はこの事件に早良親王も関与していたと決めつけ、幽閉。早良親王は無実を訴え、一切の食事を絶ち、淡路島へ流刑される前に憤死してしまう。七八五（延暦四）年の出来事だった。

桓武天皇が亡霊に悩まされるようになったのは、その直後からだ。

そして七八六（延暦五）年に桓武天皇の夫人・旅子《たびこ》の母が、その翌々年には旅子が死亡。その翌年に母、さらに翌年には皇后と、次々に大切な人を死が襲った。疫病がさらなる猛威をふるう中、七九二（延暦一一）年には皇太子に立てた安殿親王までが重病に陥ったのである。

桓武天皇が長岡京をあとにしようと思ったのも、もっともなことなのかもしれない。

桓武天皇は、長岡京の頃に増して、新たな都に風水の仕掛けを張り巡らせた。それも、**〝魔＝悪しきもの〟を寄せつけないための、護りの固め**を、である。

◆なぜ、京都は太平洋戦争でも戦火を免れたのか？

さて、「近畿五芒星レイ・ライン」に話を戻そう。

まず、五芒星とはいかなるものかについて簡単に説明したい。

五芒星のもととなったのは、古代中国に伝わる陰陽五行の思想だ。日本に入ってきたのは六世紀頃。「陰陽道」として発達し、朝廷を守護する力にもなった。

陰陽五行とは、世界の森羅万象のありとあらゆるものは「木火土金水」の五つに分けられるという考え方である。そして、それぞれは相乗、相克関係にある。

まず「木」を頂点に、時計回りに均等に「火土金水」という文字を書いてみてほしい。

相乗関係だと、木↓火↓土↓金↓水という流れで、丸い形を作り、五つは循環する。つまり、「木」を燃やすと「火」になる。「火」は燃え尽きると「灰（土）」になる。「土」の中からは「金」属が生まれる。「金」鉱のあるところには「水」脈ができる。「水」は「木」を育む。母と子の関係だといえば、わかりやすいだろう。

一方、相克は対立関係を表わし、木↓土↓水↓火↓金↓木という直線的な流れをとり、星のような形になる。これが五芒星だ。

それぞれの関係を説明すると、「木」は「土」から養分を吸収する。「土」は「水」をせきとめる。「水」は「火」を消す。「火」は「金」属を溶かす。「金」は「木」を切り倒す。一方が他方を抑制する関係だ。

五行の相乗・相克関係。
相克関係を表わす「五芒星」は
魔を封じ込める力をもつ

この**五芒星は、一筆書きで描ける循環図形であることから、その連鎖の中に悪い気が閉じ込められる**と考えられた。そのため、五芒星に触れた悪しきものは、出口のない囚われの身となり、やがて消え去るともいわれている。

この〝悪しきもの〟とは、何も桓武天皇を脅かしたような悪霊だけとも限らないのだろう。

思い出してほしい。太平洋戦争で日本各地が焼け野原と化したにもかかわらず、京都に限っては戦火を浴びることはなかった。一説によると、戦時中、アメリカ軍の指揮官は京都の町並みの呪術性に恐怖し、**「京都には手を出すな」**と命令を出したとされる。

アメリカ軍を恐れさせたのは、この張り巡らされた五芒星の呪力《じゅりょく》であったと考えられはしないか。

◆飛鳥京、平城京、平安京を貫く〝神秘の直線〟

ところで、181ページの日本地図上の五芒星を見ていると、一つ疑問が湧いてくる。五芒星が逆を向いているのだ。海外では、逆五芒星はしばしば「悪魔の紋」とも呼ばれる。

これはどういう意味だろうか。気になって京都出身の友人に、

「京都の真上に逆五芒星を見つけたよ」

と話すと、

「それは見方が違う」

と、指摘された。

京都の人は、御所を視点にものを見るのだそうだ。御所の大極殿《だいごくでん》は南を向いている。その視点から見ると、左は東、右は西の方角を指す。確かに京都市の右京区と左京区は、この大極殿の視点で配置されている。

友人曰く「御所から見たら、正五芒星」なのだそうだ。

別の友人に話すと、「風水では背後が北、正面は南なので、正五芒星と見るのが正しい」ともいう。

聖地がこのような並びを取っている理由は不明だが、単なる偶然ではなく、日本の

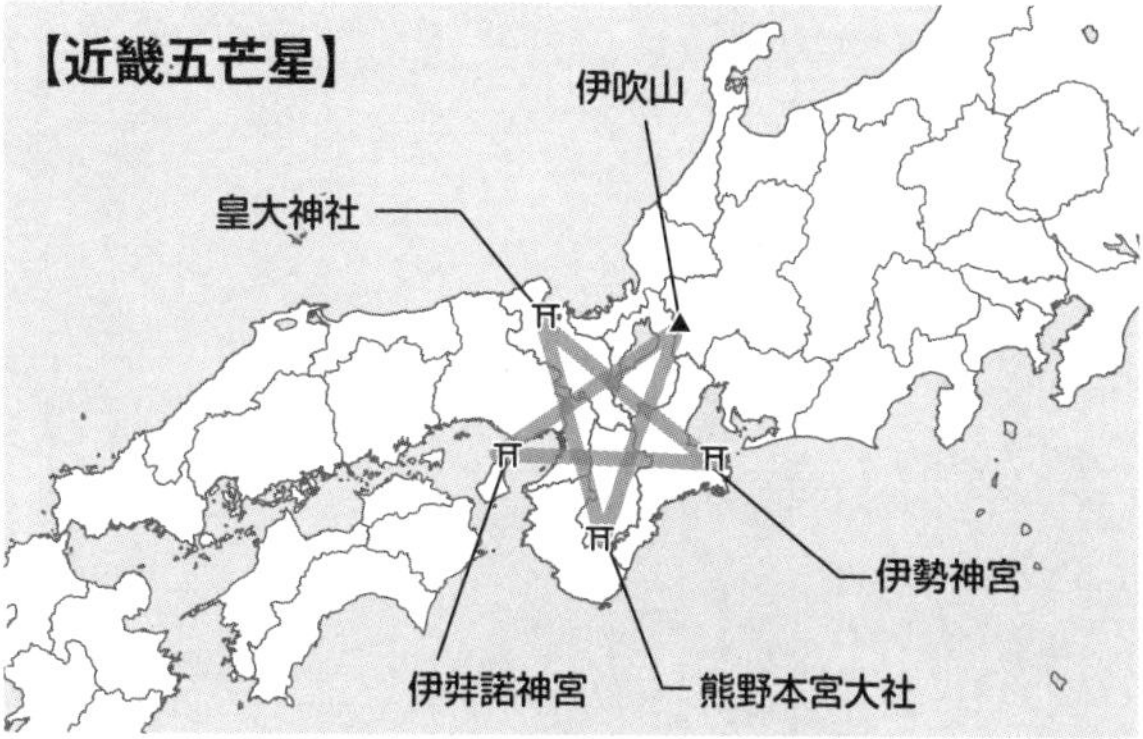

「五芒星」は邪気を封じ込めるといわれる。
ここまで大規模な図形を描いた理由とは……？

歴史にも大きく関与していると思っていいだろう。

なぜなら、この五芒星の中に、熊野本宮大社を起点に南から飛鳥京、平城京、平安京と、いずれも長く繁栄した都が一直線上に並ぶのだ。

これらの聖地が美しい一直線上に結ばれる現象は、まさに神秘としかいいようがない。桓武天皇はこの事実に気付き、平安京をわざわざこのライン上にくるように建立したに違いない。

本章では、この五芒星を作り出す聖地のほか、京都の選りぬきのパワースポットを紹介していこう。

比叡山延暦寺

［ひえいざんえんりゃくじ］

滋賀県大津市

「鬼門」に位置するがゆえに漂う〝未知なる力〟

平安時代、伝教大師・最澄が開創した比叡山延暦寺。高野山金剛峯寺と並んで、あまたの僧たちが修行に励んできた地である。しかし、京都御所の北東、すなわち「鬼門」に位置するため、この山には数々の〝魔所〟が存在するという……。

（写真は根本中堂）

京都御所の北東、鬼門の位置にそびえる**比叡山**。この山頂一帯を寺領としているのが**天台宗の総本山・延暦寺**だ。七八八（延暦七）年の最澄の開創以来、浄土宗の開祖である法然をはじめ、浄土真宗の親鸞、臨済宗の栄西、曹洞宗の道元、時宗の一遍、日蓮宗の日蓮など、数々の高僧を輩出し、空海の高野山金剛峯寺と並ぶ仏教修行の中心的な存在として、今日まで続いてきた。

山頂に一大宗教エリアを築きながらも、比叡山の自然は手つかずだ。

〝都の霊的な砦〟であり、〝聖なる場所〟だということもあるのだろう。最も観光客が多く訪れる東塔《とうどう》の根本中堂《こんぽんちゅうどう》の周辺でさえ、夜になれば深い闇に覆われる。それゆえに、現在になっても妖気が漂う〝魔所〟がいくつも存在する。中でも有名なのが**「比叡山四大魔所」**と呼ばれる、できれば近づきたくないスポットだ。

❖観光には注意が必要!?　今なお残る「魔所」の数々

一つめは西塔《さいとう》に位置する**「狩籠《かりごめ》の丘《おか》」**。現在はすぐそばを奥比叡ドライブウェイが通り、公園のように開けた場所にあるため、知らなければここが〝魔所〟だと気付く人はいない。

しかし、よくよく見ると高さ一メートルほどの、ピラミッド型をした岩が三つ存在していることがわかる。それらは九メートルの等間隔で配置されており、結ぶと美しい正三角形になる。さらに、三角形の中心から見ると、頂点がそれぞれ真南、真北、真東を向いているのだ。どう考えても自然の形状ではありえない。

実は、この場所には**最澄が退治した魑魅魍魎**《ちみもうりょう》**が封印されている**と伝えられている。三角形は封印の結界だというわけだ。そのため、現在でも比叡山山中で千日回峰行《せんにちかいほうぎょう》（通算千日間、一日数キロの山道を歩き続ける修行）を行なう修行者らは、真夜中、この場所を通りかかると新しいロウソクに取り替える。そして法華経を唱えながらその場を立ち去るという、「魔除けの儀式」を行なうのだそうだ。

二つめのスポットは、東塔の近くにある**「天梯権現祠**《てんだいごんげんほこら》**」**だ。かつては表参道だったが、すっかり荒廃してしまった山道に天梯権現祠という名の祠が存在する。この場所に**次郎坊**《じろうぼう》**という名の天狗が出没する**という。

天狗は密教徒らの修行の邪魔をする魔物だと考えられていた。呪力の強い高僧が相手となると姿を消すというが、それでもこの場所にはときどき出没するのだそうだ。

三つめは、横川《よかわ》の元三大師《がんさんだいし》堂の裏手にある**「元三大師御廟《みみよう》」**という、良源《りようげん》（元三大師）の墓だ。

良源は比叡山の中興の祖とも呼ばれ、比叡山を繁栄に導いたすぐれた霊能力者である。良源が七十三歳のとき、居室で瞑想を行なっていたところ、自らを疫病だと名乗る魔物が現われた。「お前の体を侵しにきた」という魔物に「ならば、憑いてみよ」と言ったところ、激しい発熱に襲われた。そこで良源は自らに鬼を降ろし、魔物を退散させた。

ところが、鬼の姿に変じたのはその場だけかと思いきや、時が経つにつれ、どんどん良源は、恐ろしい鬼そのものの姿と化していく。

良源はそんな自らの姿を弟子に描かせ、「これをもとにお札を作りなさい」と命じた。

このときにできたお札は「角大師《つのだいし》」と呼ばれ、厄除けに絶大な効果をもたらすという。

この良源の墓が、なぜ〝魔所〟なのか。実は墓のある横川は、比叡山でもさらに鬼門にあたる。**良源はこの場所に眠ることで、京の都と比叡山を守ろうとした**のだろう。

弟子たちにこの場所に自分の墓を作るように命じた良源は、決して掃除はしないよう言い含めた。〝魔所〟に手入れは似つかわしくないと感じたのだろう。今でも六メートル四方の玉垣で囲われた、キノコ型の墓石の周りは、自然そのままの草木が生い茂っている。

元三大師の霊験あらたかなお札「角大師」

最後に紹介するのは、東塔にある**「慈忍和尚廟《じにんかしょうびょう》」**。良源の弟子の一人の、慈忍の墓だ。慈忍は天台座主にまでのぼりつめた真面目な高僧だったにもかかわらず、仏教では固く禁じられていた「魔道」を自ら行なってしまった。これは比叡山を護るためとも言われているが、結局死後、一つ目小僧の姿になってしまう。今でも、**一つ目小僧に姿を変えた慈忍の霊は、夜な夜な鐘を鳴らしながら比叡山を徘徊する**という。

❖実は「延暦寺」という名の建物は存在しない

他にも比叡山には「七不思議」と呼ばれる伝説が残る。

「女人禁制だった時代に、思いを残して亡くなった女性たちが船に乗り、霞を利用して参拝してくる」

「生前、罪を犯して地獄に落とされた、なすび色の顔の老婆の霊が出る」

「昔、西塔にあった赤池という場所に棲んでいた大蛇を、高僧が壺に封印した」

さらには、「横川の本堂にあたる横川中堂の広場では、お盆の深夜に地獄、餓鬼、畜生、修羅、人間、天上、六道の各界の住人が一堂に会して盆行事を繰り広げる」といったものまである。歴史のある古刹ゆえに、このようなエピソードをあげていくときりがない。

ところで今さらだが、「延暦寺ってどんな建物ですか？」とたまに聞かれることがあるが、延暦寺という名の建物があるわけではない。

比叡山そのものが延暦寺だといっていいくらいで、大きく分けて東塔、西塔、横川の三地域に分けられ、山中には数百の建物が点在する。ここまでに紹介してきた寺院や名跡、墓所はすべて〝延暦寺〟の内部のものである。

このどこか一つを参拝したいというなら、先にも記述した国宝の**根本中堂**をおすすめしたい。ここは最澄が草庵を結んだ場所で、最澄自作の薬師如来像が本尊として祀られている。

本尊の前には開創以来千二百年間、消えることなく灯り続ける**「不滅の法灯」**が安置され、延暦寺の〝核〟とも呼ばれている。もちろん、比叡山最大のパワースポットである。

京都御所［きょうとごしょ］

京都府京都市

「千年の玉座」の裏側にある不思議なエピソード

平安時代がはじまってから江戸時代が終わるまで、常に「玉座」であり続けた京都御所。その位置取りや造りには、当時の天皇が「魔除け」のために講じたさまざまな策が隠されていた！

（写真は建礼門）

京都市内の中心部に位置する京都御所も、強力なパワースポットだ。

それもそのはず、一八六九（明治三）年に天皇が東京の皇居に移られるまで、この御所こそ歴代の天皇が執務し、お住まいになった聖域だった。七九四（延暦十三）年に桓武天皇がこの地に都を定めてから千年以上、ほぼ不動の地だったことを考えると奇跡といってもいいだろう。

ところで、〝ほぼ不動〟と書いた都だが、正確にいうと二キロほど、東に移動している。

桓武天皇は幾重にも布陣を敷き、京都御所つまり大内裏を造営したのだが、なんと完成まもなく落雷で建物が焼失してしまう。176ページで述べた通り、平安京への遷都は早良親王による強大な呪いを避ける目的があった。

それにもかかわらず、桓武天皇の生前はもちろん、死後も落雷や火災が何度も大内裏を襲った。歴代の天皇は早良親王の呪いから逃れるべく、貴族の屋敷を借り上げるなどして、居を転々と移したが、そこにも落雷は降り掛かってくる。

ところが、東洞院土御門邸《ひがしとういんつちみかどてい》を仮の御所にしてみたところ、**火災や落雷による大きな被害がピタリとやんだ。**この場所こそ、現在の「京都御所」なのだという。そのため、当初の予定よりも東へ大内裏を移動せざるを得なかったのだ。一三三一（元弘元）年のことだった。

ピタリとやんだ災厄と、木彫りの猿の像

この京都御所だが、春秋の特別期間と、宮内庁の事務所へ事前予約した場合、見学ができる。「龍穴」と呼ばれる巨大なエネルギーの噴出口に建っていることもあり、内部はまんべんなくパワースポットだ。**歴代天皇の神がかったオーラが残存している**ともいわれている。

また、外からでもそのパワーが得られるスポットがある。御所の周囲四キロを四角形にぐるりと囲んだ土塀の東北の位置がそこだ。なんとこの場所だけ、約一間（一・八メートル）四方、へこんでいる。実はここは**「猿が辻」**と呼ばれる鬼門よけのエリアで、大内裏を守る重要な部分なのだという。

平安遷都後、歴代の天皇は幾度も襲いかかる落雷に怯えていた。都を守るべく重要な方位に寺社を建立し、通りを碁盤の目に組み、周囲に強力な結界を張ったにもかか

鬼門そのものを取り払った「猿が辻」

わらず、雷は大内裏めがけて降ってくる。〝どこかに隙があるに違いない〟……そう思った時の天皇は、邪気が入るといわれる鬼門、つまり東北の位置そのものを取り払ってしまった。だからこそ、「猿が辻」だけが奇妙にへこんでいるのだ。

その代わり、この鬼門の位置の築地塀に木彫りの猿の像を安置した。

猿が選ばれたのは、神の使いである猿を「神猿《まさる》」と呼ぶことから「魔去る、勝る」と縁起をかついだという説や、猿が都を守護する「日吉神社」の眷属《けんぞく》だからだという説、鬼門とは反対の方角を申《さる》というからだという説など、さまざまに囁かれている。

この、烏帽子をかぶり、御幣《ごへい》を担いだ猿の

姿が現存し、今でも御所の外から見ることができるのだ。

しかし、その姿は金網で覆われているため大変見えにくい。貴重な文化財であるため覆っているのかと思いきや、なんと金網を外すとこの猿が逃げ出し、都の人々に悪さをするから、そのための防止策なのだという。

ちなみに、この猿と同様のものが、御所の北東に位置する幸神社《さいのかみのやしろ》、また御所を警護する比叡山延暦寺の別院・赤山禅院《せきざんぜんいん》にもあるという。この「鬼門封じ」は京都の人にとってごく身近な風習のようで、家の北東に邪を祓う桃、柊《ひいらぎ》、南天などの樹木を植えるケースは今でも少なくない。

❖決して表沙汰にはならなかった、大内裏の怪異譚

「ほかにも奇妙なエピソードはないの？」と思われる方もいるかもしれない。実をいうと、ある。

平安時代初期、現在の千本出水《せんぼんでみず》にまで大内裏が広がっていた頃、この地に**「宴の松原」**と呼ばれる松林が広がっていた。八八七（仁和三）年八月、深夜に三人の女官が

この場所を歩いていたところ、宴の松原から不意に顔立ちのいい若者が現われ、女官の一人の手を引いて、松原へ消えてしまった。

残された二人の女官はあっけにとられながらその姿を見送ったが、二人が話す声を聞き、少し安心した。しかし、しばらくすると話し声がパタリとやんだ。いつまでたっても二人が出てこないのを不思議に思い松原を覗いてみたところ……血だまりの中に、引き裂かれた女性の手足だけが落ちていたという。

この付近には「出水の七不思議」と呼ばれる怪異譚が多く残されているが、これらの話は大内裏から表に出たのではないかと筆者は睨んでいる。ほかにも表に出ない、不可思議な事件が大内裏の内部では繰り広げられていたはずだ。日本でもトップクラスの聖域だっただけに、入り込もうとした邪がいても決して不思議ではない。

もちろん、たとえ大内裏内に悪鬼が入り込んだとしても、日本でも一流の陰陽師たちによって駆逐されてきただろう。だからこそ、京都御所は日本でも有数のパワースポットになり得たのかもしれない。

愛宕山［あたごやま］

京都府京都市

〝大天狗〟に護られた聖なる山

京都から見た北西、すなわち「天門」に位置し、「鬼門」の比叡山と対をなす愛宕山。かつて都を火の海に変えてしまったこともある大天狗が祀られているほか、不思議なエピソードには事欠かないという。

（写真は愛宕神社の黒門）

京都市街の北西にそびえる**愛宕山**は、古くから北東にある比叡山と対比して紹介されてきた。理由は、その立地にある。風水で特に運気が流れ込んでくる四隅を、北東から時計回りに鬼門、風門、人門、天門というが、比叡山の鬼門に対して、愛宕山は天門に位置するからだ。字面はポジティブで美しいが、鬼門の比叡山と同様、天門の愛宕山も魑魅魍魎が棲む場所として恐れられてきた。

そんな愛宕山を開山したのは、修験道の開祖・役行者だ。弟子の泰澄《たいちょう》とともに、愛宕山の中腹に愛宕神社の神廟を造立したことがはじまりだという。この神廟の設立には、こんなエピソードがある。

❖幸いと災いをもたらす〝火の神〟

あるとき、役行者と泰澄が愛宕山をのぼっていると、山中の清滝付近で突如群雲が湧きあがり、大粒の雨が降りはじめた。雨がしのげる場所に身を寄せ、**二人が真言を唱えはじめると、天狗が出現した。**

この天狗こそ、愛宕山を守護する**「太郎坊《たろうぼう》」**である。

太郎坊は各地の天狗の総帥の役割を担う、大天狗だ。火を操る力を持ち、一一七七（治承元）年の大火災（大内裏を含む都の半分が焼失した）はこの天狗の仕業とされている。都の人々にとっては迷惑この上ない存在だが、火を操る修験者らにとっては、聖なる存在でもあった。

そのため、役行者らは太郎坊を崇めた。多くの修験者らがこの地を訪れ、太郎坊から霊験を受けようと修行に励んだ。時代を経て武士からも信仰を集めるようになり、「武芸の神」としても全国に名を轟《とどろ》かせた。

一方、庶民からは「火伏せの神」や「防火の神」として祈りが捧げられた。太郎坊は庶民たちにとっては、恐るべき存在ではあったが、あえて祀ることで火難から逃れようとしたのだろう。

現在でも京都の多くの家庭では台所など火を使う場所に「阿多古祀符《あたごごふ》　火迺要慎《ひのようじん》」

大天狗・太郎坊の霊験にあやかった「火の用心」の護符

と書かれた護符が貼られている。

さて、この愛宕山と峰を同じくする朝日ノ峰の山頂に、本殿にイザナミノ神、若宮に火神・カグツチノ神、奥宮にオオクニヌシノ神を祀る**愛宕神社**がある。この愛宕神社こそ、山の中でも最もエネルギーが溢れる場所とされているのだが、参詣への道がやっかいだ。

というのも、京都市内からのアクセスが非常に悪く、さらに山頂へと向かう四つのルートは、どれも厳しく険しいのだ。健脚の持ち主でも片道二時間は見ておいたほうがよく、決して軽い気持ちで参拝できるような場所ではないのである。

とはいえ、表参道とされる清滝道《きよたきみち》にはルート全体を四十等分にし、四十分の一、四十分の二といったぐあいに看板が掲げられ、励まされながら登ることができる。

道中にいくつか休憩所があるが、決して見逃してはならないパワースポットが存在する。その一つが**「火燧権現跡《ひうちごんげんあと》」**だ。この地こそ**天狗信仰の拠点**で、平安時代の末期には権現社が存在していたという。しっかりと参拝したら、杉の巨木の下に祀られた**大杉大神**をめざしたい。落雷の跡が痛々しいが、天狗が集まったという伝承が残るパワーに溢れた場所だ。

❖愛宕山のパワーを裏付ける「七不思議」

　このように、スポットは数多くあるが、そもそも愛宕山そのものにパワーが溢れている。それを裏付けるように「愛宕山七不思議」が存在し、その一に、
「愛宕山に祀られている火の神は不浄を嫌うため、不浄な人は参拝できない」
という項目があげられている。無理に参拝しようとすると、途中で腹痛が起こり、下山するハメになるのだそうだ。ほかの七不思議も紹介すると、
　その二「三歳までの幼児を背負って参拝すると、その子供は一生火難にあわない」
　その三「嵯峨《さが》鳥居本《とりいもと》から清滝に通じる、〝試みの坂〟を愛宕山にのぼる前に歩き、無事に越えられれば、参拝を無事に終えることができる」
　その四「愛宕神社の境内にある〝金灯籠《かなどうろう》の猪〟の彫刻を舐めると、たちまちに足の疲れが癒される」
　その五「愛宕山中にある月輪寺《つきのわでら》に植わる〝時雨桜《しぐれ》〟は、九条兼実《くじょうかねざね》がこの寺で生活していた頃に親鸞聖人が来訪して植えたものと伝えられている。兼実との別れを惜しむ親鸞の思いを映し、桜花は枝葉から涙をこぼしているように咲く」

その六「本能寺の変の前日、明智光秀はこの愛宕神社に参詣し、神のご加護を仰いでいる。その際に催された連歌会で光秀はちまきを噛みながら歌を作った。そのため、以後、愛宕社へちまきを奉納すると歯型がつくという。ちなみにこのとき、明智光秀は愛宕神社でおみくじを引いたが、三回連続して凶が出た」

その七「愛宕山中に空也上人《くうやしょうにん》（平安時代中期の僧で、浄土教の先駆者）が修行したと伝えられる滝がある。山中のものは草木一本まで神の息がかかったものであるため、無断で持ち帰ってはいけない。滝壺に溜まった土砂を持ち帰ると体調が悪くなる」

これらの「七不思議」を頭に入れて足を踏み入れると、またひと味違った参詣になるかもしれない。

貴船神社［きふねじんじゃ］

京都府京都市

正と負の二つの顔をもつパワースポット！

「水の神」を祀る貴船神社は、現在は「縁結び」のご利益によって人気を博している。それと同時に、「人を呪う」ことに関しても、大きな効果を得られるパワースポットだという……。

（写真は参道）

周囲を緑豊かな鞍馬の山に囲まれ、すぐ脇を清涼な貴船川が流れる貴船は、その全体を木と水、そして大地のエネルギーが包む、京都でも人気のパワースポットだ。

貴船神社はこの貴船川沿いに建つのだが、注意していただきたいのは、貴船の地には本宮《ほんぐう》、中宮《なかみや》（結社《ゆいのやしろ》）、奥宮《おくみや》の三社が存在するという点だ。少々歩くことにはなるが、この三社詣でをするのが、正式な参拝方法だという。「本宮、奥宮、結社の順に参拝するといい」ともいわれている。

さて、貴船神社の祭神は「水」を司るタカオカミノ神だ。平安初期から雨乞いの神として信仰を集めていたが、現在、この貴船神社は縁結びのご利益を求める若い女性を中心に、人気を集めている。

〝縁結び信仰〟の端緒は「神様の失恋」!?

その理由は結社に祀られている**イワナガヒメの霊験**にあるようだ。

ニニギノ命が天孫降臨した際、オオヤマツミノ神は、イワナガヒメとコノハナノサクヤビメの二人の娘を差し出した。ところが、ニニギが選んだのはコノハナノサクヤビメのみ。イワナガヒメは「器量が悪い」という理由で返されてしまった。その際、イワナガヒメが「私はこの地に縁結びの神としてとどまり、人々に良縁を授けましょう」と、お鎮まりになったのが、この貴船だったという。

この〝縁結び信仰〟は平安時代からすでにあったようで、夫の浮気に悩む和泉式部《いずみしきぶ》が貴船川の上を舞い飛ぶ蛍に思いを寄せて歌を詠んだところ、貴船の神から「思い悩まなくても大丈夫だ」という返歌があり、無事、復縁ができたという物語も残されている。

このエピソードから垣間見られるのは、〝縁結び〟のベースには単純に人と人との縁を新たに結ぶだけでなく、時には〝縁切り〟や〝復縁〟もあるという点だ。

以前、筆者が結社の境内に絵馬を飾ろうとしたところ、すでに別れてしまった相手に対する熱い想いや、不倫のライバルに対する罵倒が記された絵馬が目に入り、冷や水を浴びせられたような気分になったことがある。

望む〝縁〟の形は、人それぞれのようだ。

❖今なお語り継がれる「丑の刻参り」の伝説

実は、貴船の名を世に知らしめるもう一つの霊験に**「丑《うし》の刻《こく》参り」**がある。

京都出身の友人らによると、深夜、「ちょっと様子を見に行ってみよう」と肝試し気分で出かけた若者が、「恐ろしい形相の女に追いかけられた」といった怪談があちらこちらで聞かれるという……。

丑の刻参りとは、深夜午前二時の丑三つ時に、呪う相手をかたどった藁《わら》人形を五寸釘で打ち付け、呪い殺すという儀式だ。ただ、打ち付けるだけでは効果はない。丑の刻参りを行なう際は、顔に朱をさして白装束を着て、胸に鏡をかける。そして頭に五徳（炭火などの上に置き、鉄瓶などをかける三脚か四脚の輪形の器具）を逆さにしてかぶり、その足に三本のロウソクを立てる。さらに高下駄をはき、その姿で七日間、毎夜藁人形に釘を打ち付ける。すると呪った相手は激痛に襲われ、悶え苦しみながら死に至るのだという。

これは平安時代にはすでに行なわれていたようで、丑の刻参りをして満願を果たした**「宇治の橋姫伝説」**（夫に捨てられた女が、生きながら鬼となって復讐する話）は、

夫に捨てられ“復讐の鬼”となった橋姫は
「丑の刻参り」で満願を果たした（イラスト:塙興子）

『平家物語』や『太平記』などに記されるほど有名だ。

この伝説をベースにした能の謡曲に「鉄輪《かなわ》」という演目があるが、その人気は驚くほど高い。二〇一三年には伝説そのままの「橋姫」という演目も復曲され、注目を集めている。


この、丑の刻参りの霊験がより発揮されるのが、奥宮だという。実は貴船神社の本宮は、一〇五五（天喜三）年に起きた貴船川の氾濫以降、新たに建て直されたもので、奥宮こそ、本来本宮として崇められていた神社なのだ。

「貴船神社の中でも、奥宮に最も強いパワーを感じる」

と話すスピリチュアリストは少なくないが、それもそのはずで、この奥宮の本殿の床下にこそ、**貴船神社誕生の元となった「霊泉」が眠っている**のだという。決して覗いてはいけない〝秘泉〟で、「本殿を移築する際、誤って霊泉にノミを落とした大工が泉を覗き込んだところ、直後に変死した」との伝説も残されている。

この霊泉を発見し祀ったのは、神武天皇の皇母・タマヨリヒメだともいわれている。貴船神社に伝わる縁起によると、タマヨリヒメは水が豊かなこの土地を尊び、浪花から黄色い船（黄船）に乗って淀川・鴨川をさかのぼってこの地にいたったそうで、「清水の湧き出づる、霊境吹井《れいきょうふきい》を認めて、水神を奉斎」したのだという。

確かに奥宮には、「船形石《ふながたいわ》」という船の形に石組みされた石があり、この船形石によって奥宮の力が守られているともいわれている。京都の奥地に残る、語り尽くせないほどのミステリー。ぜひ体感していただきたい。

皇大神社［こうたいじんじゃ］

京都府福知山市

アマテラスがかつて鎮座した〝元伊勢〟

現在、伊勢神宮に祀られているアマテラスだが、今から二千年以上前は、実はこの皇大神社に祀られていた。アマテラス自身のご神託によって場所を定められた、由緒正しき神社なのだ。

（写真は本殿）

皇大神社は、紀元前五九（崇神天皇三九）年にはすでに存在していたとされる古い歴史を持つ神社だ。というのも、皇大神社は、アマテラス大御神の〝**元伊勢**〟だと伝えられているのである。

元伊勢というのは、アマテラスが伊勢の地に祀られる前に、鎮座しておられた神社を指す。ニニギノ命の天孫降臨のあと、アマテラスの御霊が宿っているとされる三種の神器の一つ「八咫鏡」は、常に天皇のいる宮中に安置されていた。

この八咫鏡は、天岩戸にアマテラスが閉じこもった際、アマテラスを誘い出すときに使用した鏡だ。アマテラスの分身ともいえる鏡と共に生活していることを畏れ多いと感じた第十代崇神天皇は、皇女のトヨスキイリビメノ命を呼び寄せ、八咫鏡を安置するのにふさわしい場所を探させた。

これが元伊勢の遷移のはじまりだ。

❖八咫鏡が三十三年間祀られたという〝伝説の地〟

最初に選ばれたのは、「笠縫邑《かさぬいのむら》」だ。場所は奈良県桜井市の檜原《ひばら》神社が有力視されている。〝有力だ〟と書いたのは、笠縫邑だとされる神社は奈良県に七カ所もあるからだ。

トヨスキイリビメはこの地に三十三年とどまり、アマテラスの八咫鏡を祀ったが、アマテラスからの「別の大宮地を求めて、鎮め祀りなさい」という神託を聞き、聖地を求めて移動を開始する。

再び、腰を落ち着けたのは「吉佐宮《よさのみや》」だった。

この吉佐宮こそ「皇大神社」なのだという。

参道を進むと、あまりにもすがすがしい空気に、「この地こそ、アマテラスが気に入られた場所ではないか」という気持ちにさせられる。

この皇大神社の鳥居をくぐって、まず驚かされるのは、境内にそびえ立つ樹齢数百年から数千年と推察される巨杉群だ。中でもパワーが強いとされているのは、皇大神社の社殿に向かって左側にそびえる、**「龍灯の杉」**だ。

〝毎年節分の夜になると、龍神がその枝に灯をともしにくる〟という伝説から名付けられた杉で、幹周りは約七メートル、高さは三〇メートルもあるという。一九六〇年代に入って焼けたこともあるようだが、今でも青々とした立派な枝をつける。その生命力にあやかろうと、幹に触れ、パワーをチャージさせてもらう人も多い。

人から悪いものを吸い取ってくれるという木もある。一の鳥居をくぐってすぐの場所にある、「瘤封じ瘤木」だ。

幹の中心部に巨大なコブのようなものが盛り上がっている様子は少し異様だが、どれほどの人の〝悪い気〟をその幹に吸収してきたかと思うと、思わず拝みたくなる。

❖〝日本一美しいピラミッド〟の異名を持つ岩戸山

皇大神社の周辺も、すがすがしい気とパワーに満ちている。ぜひ立ち寄っていただきたいのは、天岩戸神社（2章で紹介した高千穂町の天岩戸神社とは別物）だ。その道中に、〝一願成就〟として信仰されている遥拝所がある。その名の通り、この場所から見える「岩戸山」に向かって願い事をすると、叶うのだそうだ。

この遥拝所から見る、岩戸山が実に見事だ。標高四二七メートル、左右対称の美しい錐《きり》の形で、〝日本一美しいピラミッド〟との異名を持つ。

この山も伊勢神宮の内宮と同様、〝千古《せんこ》斧鉞《ふえつ》〟つまり、斧やまさかりの入っていない、神体山なのだそうだ。

皇大神社の遥拝所と呼ばれる場所から、夏至の日の夕方にこの岩戸山を眺めると、夕陽が岩戸山の頂上に沈む神秘的な姿も見られるという。一説には頂上に拝殿があるともいわれている。

伊弉諾神宮［いざなぎじんぐう］

兵庫県淡路市

イザナキ・イザナミを祀る〝日本最古の神社〟

伊弉諾神宮は、その名の通り「国生み」の神・イザナキとイザナミを祀る神社。かつては足を踏み入れることさえできない「禁足地」であったが、現在は、「縁」や「愛」にまつわる有名なパワースポットとなっている。

（写真は神門）

国生みを果たした、イザナキノ神とイザナミノ神を祀る神社が**「伊弉諾神宮」**だ。

記紀によると、国生みを果たし終えたイザナキが、アマテラス大御神、ツクヨミノ命、スサノオノ命の三神に国家統治を委ねたあと、「幽宮《かくりのみや》」を構えて、お隠れになったのが、伊弉諾神宮の建つ淡路島のこの多賀の地だという。

そのため、**この伊弉諾神宮こそが日本最古の神社といわれている**のだ。

古い縁起を持ちながら、現在のような姿になったのは明治以降だ。本殿の背後にイザナキの神陵があり、そこは神代から禁足地であったという。明治以前、本殿はこの神陵の前方にあったが、国費で神陵の墳丘を整地し、現在の場所に移築されたという。

淡路国の一之宮だということから、地元の人々から「いっくさん」と親しみを込めて呼ばれている。

❖イザナキとイザナミを象徴するご神木「夫婦大楠」

伊弉諾神宮の手水舎は、自然石をくり抜いた立派な手水鉢なのだが、もとは秀吉の時代に大坂城築城に使われる予定だった石なのだそうだ。大坂まで船で運搬していた

夫婦大楠。イザナキはこの横で安らかに眠っているのだろうか……

ところ、誤って水没させてしまったものを、氏子の漁師が引き上げて寄贈したといういわれを持つ。

正門をくぐり、しっかりと参拝したら境内を見て回ろう。中でもパワースポットとされるのは、イザナキとイザナミを象徴しているとされる、ご神木の**「夫婦大楠《めおとおおくす》」**だ。

記紀ではイザナキとイザナミは黄泉の国で離ればなれになったが、ここでは根元からしっかりとくっついていられる。縁結びや夫婦円満はもちろん、〝復活愛にもご利益がある〟と、まことしやかに囁かれている。

境内の散策後、時間があれば少し足を伸ばして、淡路島の北端にある岩楠《いわくす》神社を参拝するのもおすすめだ。

この神社にはイザナキとイザナミとともに、二人の間に最初に生まれたヒルコ（蛭子）神が祀られている。ヒルコは、体が未完成のまま生まれてきたため、葦舟にのせられて流されてしまった可哀想な神様だ。記紀では、そのまま海を漂って行ってしまったが、この地で一緒に祀られている姿は微笑ましくもある。

伊弉諾神宮の夫婦大楠の隣にも、実は岩楠神社の小さな社が建っているのだが、やはり海に面したこちらの神社のほうがパワーに満ちている。

ところで地元では、この**岩楠神社こそがイザナキの墓所**だと伝えられているという。なんとも意味ありげなパワースポットである。

✴コラム

富士山、伊勢神宮、熊野 ——「聖地」と「UFO」の深い関係

さて、ここでは「聖地」と「異次元」との関わりについて考えてみたい。異次元の存在——その代表格がＵＦＯだろう。

古来より、「聖地」と「ＵＦＯ」は切っても切れない関係にある。たとえば、イギリスの有名な聖地であるストーンヘンジ。この地では、昔から多くのＵＦＯが目撃されている。かつてはストーンヘンジ自体が、ＵＦＯの発着場だったのではないかと推測する研究者もいる。

イスラム教の聖地エルサレム、ペルーの空中都市マチュピチュ、エジプトのピラミッド、ノアの方舟が漂着したというアララト山を望むトルコのカッパドキア、地上絵で有名なナスカなど、多くの聖地でＵＦＯが目撃されているのだ。

ちなみにインターネットで「聖地の名前　ＵＦＯ」で検索すると、多くのＵＦ

Ｏ目撃事例や写真・動画を見ることができる。

日本の聖地もまた、同様だ。**富士山、伊勢神宮、熊野などの有名な聖地でも、古くから多くの人々が〝ＵＦＯ＝光り物〟を目撃している。**

また神々が天より降り立った場所である**高千穂**も、古来よりＵＦＯ伝説が多い場所である。阿蘇山の火山に吸い込まれるように入っていくＵＦＯなど、目撃例は多数ある。

「天孫降臨＝宇宙人の飛来」とは話が飛躍しすぎではあるが、ＵＦＯの噂が絶えない地でもあるのだ。

回三保の松原の「羽衣伝説」の真相とは――

中でも富士山は「ＵＦＯの基地があるのではないか」といわれるほど、目撃例が多い。

有名な一九七五年の「甲府事件」も富士山の麓、山梨県甲府市での出来事である。これは、二人の小学生がＵＦＯ着陸と宇宙人の出現を目撃した事件だ。

さらに、富士山と共に世界遺産となった静岡県の**三保《みほ》の松原《まつばら》**には、羽車神社《はぐるまじんじゃ》という小さな社がある。

三保の松原は、あの**「羽衣伝説」**で有名な地だ。天女が松に羽衣をかけて水浴みをしていると、漁師がその羽衣を見つけて隠してしまった。それがなければ天に帰れないと困った天女は、返してもらう代わりに舞を披露する。そして羽衣をまとうと、空高く天へ飛び去っていったという。

この羽車神社の隣には、羽衣伝説の中で天女が羽衣をかけたという樹齢六百五十年の松の木もある。だが、なぜ羽衣神社ではなく、羽車神社なのだろうか。実はもう一つ残されている伝説が、その由緒になっているのだ。

それはミホツヒコノ命・ミホツヒメノ命という夫婦の神様が空飛ぶ「天羽車《あまのはぐるま》」に乗って、三保の松原にやってきたというのである。

美しい富士を望む絶景の地に、空中を飛ぶ〝羽車＝UFO〟に乗って、〝神様＝宇宙人〟がやってきたと、たやすく想像できる伝説ではないか。

富士山のお膝元、天女伝説の地に羽車伝説とは、奇妙な符号が揃いすぎているように感じる。

ほかにも長野県長野市にある皆神山《みなかみやま》や、秋田県鹿角《かづの》市の**黒又山**《くろまたやま》も、UFO目撃例が非常に多い場所である。

皆神山は「高天原の入り口」などとも呼ばれ、昔から聖地とされていた。地元には「天の曳舟《ひきふね》の発着基地だった」という神話まで残されているのである。

また、黒又山は、東北特有の〝**超古代文明**〟のにおいを感じさせるパワースポットの一つだ。

黒又山近郊に出現したUFO
（写真提供:鹿角UFO研究会）

通称**クロマンタ**と呼ばれ、標高約二八〇メートルの美しい山だが、有名な大湯環状列石（ストーンサークル）が隣接していることでも知られる。

一九九二年、同志社大学に拠点を置いていた「日本環太平洋学会」が〝日本のピラミッド〟として初めてこの黒又山で本格的な学術調査を実施した。

その結果、土に埋もれている山の斜面が、なんと階段状になっていることが判明したという。

さらに、縄文後期から続縄文期のものと見られる祭祀用土器も多数発掘されているという。そして黒又山では**発光現象もしばしば起こっている**ことから、「クロマンタ・ピラミッド＝エネルギー装置説」も提唱されている。

黒又とは、アイヌ語の〝クルマッタ（神々のオアシス）〟が語源で、超生命体との交流があったことを示唆している」などという説を掲げる研究家もいる。

神秘に包まれたこのエリアを、現在、世界遺産に推挙する動きもあるそうだ。

5章

鎮魂と浄化――

東北・関東を鎮護する「霊山と聖地」

……なぜ日本人はこの地に「聖なるもの」を見たのか

祖霊たちが還る、パワーに満ちた聖なる山々

東北を〝パワースポット〟というくくりで見た場合、まず驚かされるのが土地に宿る原始のパワーだ。

中央構造線以西が太陽を求め、夏至や春分のラインに沿ってレイ・ラインを築き上げているのだとしたら、東北の聖地は地霊の声を聞き、その声に呼応して配置されていったように見える。というのも、紙幅の都合ですべては紹介できなかったが、東北・北関東エリアには「信仰」のカテゴリではくくれないパワースポットが数多く点在するからだ。

たとえば青森の岩木山、八甲田山《はっこうださん》、奥入瀬《おいらせ》渓流、十和田湖《とわだこ》、白神《しらかみ》山地、秋田の田沢湖、乳頭温泉郷《にゅうとうおんせんきょう》、岩手の早池峰山《はやちねさん》、龍泉洞《りゅうせんどう》、山形の鳥海山《ちょうかいさん》、宮城の蔵王連山、松島、

金華山《きんか》、福島の磐梯山五色沼《ばんだいさんごしきぬま》、茨城の筑波山、月待滝、栃木の中禅寺湖、華厳《けごん》の滝、群馬県の榛名山《はるなさん》、赤城山、碓氷峠《うすいとうげ》……と、挙げていくとキリがない。

と、ここで思う。大和朝廷は、この地には蝦夷《えみし》という自分たちとは異なる民族が住んでいるとし、征討すべく鹿島《かしま》神宮と香取《かとり》神宮を前線基地と位置づけ、成功させた。しかし、〝土地のパワーを取り込む〟点では生かしきれていないのではないのか。

というのも、**東北には縄文時代からの信仰の跡が残り、原始の姿をそのままに残したスポットがあまりにも多い**のだ。それは、大和朝廷の崇める神々とあまりにも性質が異なっていたからかもしれない。

◆オオクニヌシは、実は虐殺されていた!?

日本は「怨霊」となった死者を祀る、特異な国だ。最も古い例が、オオクニヌシノ神を祀る出雲大社だ。高天原の神々が葦原中国《あしはらのなかつくに》のオオクニヌシに突きつけた「国譲り」は、記紀には穏便に物事は進んだと書かれているが、実際は一方的な虐殺か、戦乱の結果ではないかと見る向きは多い。

出雲大社をオオクニヌシの遺言の通りに建造し、その霊を祀ったのは、無惨に手を下したオオクニヌシの怨霊を恐れたからではないか、と。

大きな神社には、平和的な**和魂**《にぎみたま》と、ともすれば害をなす**荒魂**《あらみたま》が鎮められているが、この荒魂は、もともと土地に住んでいた神の魂だとする説もある。

余談だが、「平安時代には殺人や死刑がなかった」という言い伝えがある。確かに朝廷にまつわる人間や僧侶が、たとえクーデターのような罪を犯した場合でも、ほぼ流罪でとどまっている。これは、死者の恨みのパワーを恐れたからなのだそうだ。

菅原道真の太宰府天満宮をはじめ、平将門の御霊《ごりょう》神社や神田明神、崇徳《すとく》上皇の白峯《しらみね》神宮など、怨霊信仰は日本各地に見られるが、日本のはじまりの「国譲り」から、すでにこの信仰はあったのだ。


では、この東北の地の荒ぶる神はどのような姿をしているのだろうか。

〝蝦夷〟の神々を語る際、キーワードになってくるのが〝アラハバキ〟という名の神だが、未だ謎のベールに包まれているのだ。筆者はこの神が、彼らの先祖の霊ではないかと見ている。

◆「山」は先祖を祀る巨大な墓石だった!?

東北は祖霊信仰の強い土地だ。もちろん、祖霊信仰は全国に見られるが、東北エリアと比べると格段に違う。

たとえば、彼らの死者と対峙する姿勢。最もわかりやすいのが、若者の死者を送る際に行なわれる儀式だ。

東北地方の農村部では、昭和初期まで**死後婚**という風習が残っていたという。若くして亡くなった男女がいると、「あの世で結婚し、二人で幸せに過ごしてほしい」と、なんと仲人を立て、まるで二人が生きているかのようにして寺で結婚の儀式がとり行なわれたのだ。式の後、遺族らは親戚関係も結んでいる。

さらに山形には、若者が独身のまま亡くなると**「ムカサリ絵馬」**という架空の結婚相手と結婚式を挙げている様子を描いた絵馬を奉納する風習があったというし、青森ではその結婚相手が人形であったという。

い。

こうして、死者を大切に扱うことで、より強いパワーを得ようとしたのかもしれない。

事実、東北にはあえてピラミッド型の山や巨石を作り出し、信仰の対象として祀るケースが多いが、これらは一種の〝墓石〟なのではないか。

恐山のイタコに見られる死者の〝口寄《くちよ》せ〟の風習にもあるように、彼らは山を死者が還る場所とし、大切に祀り、祈った。

もともと特別だったその場所が、やがて聖地となったのだ。

中でも代表的な〝パワースポット〟をいくつか紹介しよう。

恐山「おそれざん」

青森県むつ市

高野山、比叡山と並ぶ「日本三大霊場」

天台宗の僧・円仁によって開山された恐山。古くから「死者の魂が還る地」として信じられ、死者の世界と非常に近い場所にあるとされている。ゆえに、奇怪極まりない伝説も数多く残っているのだ。

（写真は地蔵と風車）

本州最北端に位置する、青森県の下北半島中央に広がる霊場・**恐山**もまたパワースポットとして有名な場所だ。八六二（貞観四）年、天台宗の僧侶、慈覚《じかく》大師・円仁《えんにん》により開山された聖地で、高野山、比叡山と並ぶ日本三大霊場、また三大霊山、三大霊地としても知られる。

そもそも下北一円では円仁が開山する前から、**「人が死ねばお山（恐山）さ行ぐ」**と信じられていた。〝死者の魂は山に還る〟という伝承は古来から日本各地にあるが、この地は一風変わっている。

その最たるものが**「イタコ」**だろう。本州の最果てに位置しながら、全国各地から多数の巡礼者がこの地を訪れるが、その目的はイタコにあるといってもいい。

故人の「思い」を伝える〝口寄せ〟とは

イタコは霊媒を生業《なりわい》にする女性を指す。彼女たちは亡くなった人間の霊魂とコンタクトをとり、自分の体にその霊体を降ろすことのできる霊能力を持ち、故人の声を依頼者に届ける。いわゆる**「口寄せ」**だ。

イタコたちは恐山大祭と恐山秋詣りのときに、恐山菩提寺《ぼだいじ》の敷地内まで出張してきており、三千～五千円程の謝礼で口寄せをしてくれるという。

二〇一一年三月十一日に起きた東日本大震災のあとは、家族や親類、友人を亡くした多くの被災者たちがこの地を訪れ、イタコを通して故人の声を聞いたという。イタコは故人の思いを伝えるだけでなく、生者たちが直面した〝死〟に対するやりきれない思いを、やさしく解きほぐす癒しの力ももつのかもしれない。


ちなみに恐山の敷地内で〝口寄せ〟が始まったのは昭和三〇年頃からだというが、その歴史は古く、定かではない。イタコになるには先輩イタコのもとで厳しい修行を積む必要があるが、たまに誰に習わなくても幼い頃から口寄せができる天才イタコも出現するのだそうだ。

高齢のイタコになると津軽弁なまりがあるため、口寄せを録音させてもらうことも可能だというが、〝奇妙な声〟が入るという怪奇現象もしばしば起こるという。イタコにまつわる不可思議な話は多い。

❖恐山に伝わる「怪奇な伝説」

恐山には奇怪な伝説がいくつも存在する。まず、三途《さんず》の川をイメージした小川にかかる朱色の太鼓橋。この橋は、悪人には針の山のように見えて渡れないのだそうだ。それでも無理矢理渡ろうとすると、橋板が糸のように細く見えたり、橋のそばに立つ柳の木の枝が大蛇に変化したり、橋の下からその人間の罪を責める鼓の音が鳴り響くともいわれている。

三途の川にかかる太鼓橋。
悪人には渡れないという

この橋を渡りきると、曹洞宗の寺院・恐山菩提寺の山門が見えてくる。ほのかに漂ってくる硫黄の匂いを感じつつ山門をくぐると、向かって右手に宿坊や温泉が、左手には地獄と極楽を一体化したような異様な世界が広がる。

荒涼とした灰白色の岩がゴツゴツと隆起

した風景を見ていると、確かにここは死者の聖域に違いないという気にさせられる。

その一角に、**「納骨塔」**と呼ばれる供養塔があるが、なんと**故人の歯や小骨を塔の穴から投げ入れ、納める**のだという。地面のある場所では火山ガスが噴出し、ある場所では、くぼみからぼこぼこと煮え立った湯が沸き立つ。さまざまな地獄を模した場所もあり、明らかに現世から隔絶している。

特に賽の河原は、参詣者によって積み上げられた石や、故人らしき名前が書かれたネームプレート、子ども向けのおもちゃや地蔵像なども見受けられ、胸に迫る。

そのため、**「観光気分で行くと祟られる」**といわれているのだそうだ。実際、この地で拾った石を記念に持ち帰ったがために「事故にあった」「発狂した」といった怪談話も少なくない。

怪談といえば、恐山で霊現象の目撃情報が増えるのは、冬季の閉山期間なのだそうだ。とにかく〝死者〟の息づかいが身近に感じられる場所だ。

そうかと思うと、その先には息がつまりそうなほど美しい白い砂浜にコバルトブルーの水をたたえた宇曽利山湖《うそりやまこ》が静かに横たわる。まぶしいほどの白と青のコントラストの中、人間の形跡を感じさせるのは、案内の看板と太子堂に安置された地蔵菩薩、カラカラと音をたてて回る、極彩色の風車のみだ。

これほどいわくが語られながら、恐山の住職はこの地を**「パワーレス・スポットだ」**と語っているという。

「この地が巨大な空洞だからこそ、死者の感情を受け入れられるのだ」と。

生も死も、すべてが無に思えるような、特異な空間。迷いや悲しみ、苦しみを抱き、身も心も浄化されたいと切望する人にこそ、訪れていただきたいスポットである。

出羽三山［でわさんざん］

山形県庄内地方

生きながら仏となる〝即身仏〟の聖地

出羽三山の修験者たちは、羽黒山に「現在」、月山に「過去」、湯殿山に「未来」を見いだしていたという。またこの地は、最も過酷な〝ある仏道修行〟の舞台として、全国的に有名だが……。

（写真は湯殿山神社の鳥居）

出羽三山は、多くの聖地や霊山の開祖である役行者が修行の場としたことでも知られる聖地である。

出羽三山とはその名の通り、山形県庄内地方にひろがる**羽黒山**《はぐろさん》、**月山**《がっさん》、**湯殿山**《ゆどのさん》の三つの山の総称で、それぞれの山の頂上や中腹に神社があり、三つをあわせて**「出羽三山神社」**とも呼ばれる。

いずれも日本有数のパワースポットで、開山は約千四百年前。崇峻《すしゅん》天皇の御子、蜂《はち》子皇子《このおうじ》（能除太子《のうじょたいし》）によるものだとされている。

きっかけは、蘇我氏による崇峻天皇の暗殺だった。身の危険を感じた蜂子皇子は、聖徳太子のもとで出家したあと、遠くこの山形の出羽国にまで逃れた。そこで三本足の霊鳥の導きによって羽黒山へと到達したという。

その後、苦行の末、月山、湯殿山へといたり、それぞれに異なる神を祀った。

ちなみに羽黒山にある出羽神社はウカノミタマノ命、月山にある月山神社は、ツクヨミノ命、湯殿山の湯殿山神社はオオヤマツミノ神とオオアナムチノ神（オオクニヌシの若い頃の名前）、スクナビコナノ命を祭神にもつ。

❖羽黒山は「現在」、月山は「過去」、湯殿山は「未来」を表わす

現在は車やバスなどの交通手段を使って、三つの山を比較的スムーズに移動できるが、古来は過酷な道程だった。

それでも修験者らは、この三山を何度も巡った。というのも、羽黒修験道では**羽黒山に「現在」、月山に「過去」、そして湯殿山に「未来」を見いだし、三山を歩くことを「三関三度《さんかんさんど》」と呼んだ。**

つまり、道程の中で地上空間と生命時間を感じとっていたのだ。

さらに、三山には一定の規則をもって俗人が近づくことを禁じた禁所や、拝所を配置し、関連する周辺の山々をも修行の場として取り込んだ。

これらを地図上にマークしていくと、壮大な一大曼荼羅《まんだら》図が出現する。ただでさえ霊験あらたかな地に、密教や陰陽道的な意味をもたせたのだ。土地から相当なパワーが放出されているということは想像に難くない。

❖圧倒的な霊力をもつ「即身仏」

そして、この地を語る上で忘れてはならないのは、〝**即身仏**〟だ。

即身仏とは自らの意志で生きたまま地中にもぐり、修行の過程でミイラ化した僧侶を指す。現在日本には十八体の即身仏が存在するというが、うち六体がこの庄内地方のものだという。

そして、湯殿山総本寺・瀧水寺大日坊も即身仏を安置する寺院の一つだ。こちらでは、**真如海上人《しんにょかいしょうにん》の即身仏**に手を合わせることができ、さらに六年に一度行なわれる衣替えの際に、脱がれた衣の一部をお守りとして譲っていただくこともできる。

ひと目見ただけで、その圧倒的な霊力に釘付けになるありがたい存在だが、この即身仏にいたるまでの行程は過酷だ。出羽三山の即身仏は、すべて**木食行《もくじきぎょう》**という修行から生まれているというが、これが想像を絶する荒行なのだ。

まずは出羽三山の奥の院、湯殿山の仙人沢という場所にこもり、千日は米、麦、あわ、きび、豆の五穀を断つ。その上で、一日三回、二キロ上流にある湯殿山のご神体

真如海上人の即身仏——
圧倒的な存在感に目が釘付けになる（瀧水寺大日坊）

（熱湯が吹き出る巨石）まで参詣しなくてはいけない。この時点で、すでに体はミイラのようになり、多くはここで切り上げる。

しかし、即身仏になろうとする行者は、さらに千日「十穀断ち」を行なう。こうなると、口にできるものは山の木の実や木の皮、根くらいしかない。人によっては二千日、三千日と行なうようだが、こうして体が骨と皮だけになると、**入定《にゅうじょう》**といって、**生きながら石棺とともに地中に埋まる。**

地上との接点は、呼吸用に用意された一本の竹筒だけだ。その中で僧侶は飲まず食わずの状態でお経を読み、鐘を鳴らすが、次第にその音は途切れる。これを合図に一定の期間後に掘り起こされ、即身仏として迎えられるのだ。

余談だが、十日間、水以外は口に入れない絶食を行なった友人がいる。五日目くらいまでは、食べ物のことしか考えられないくらい、煩悩に苛まれるそうだが、あるポイントをすぎると急に感覚が研ぎすまされるのだそうだ。夜でも昼間のように明るく感じられ、五キロ先の物音も聞き分けられるのではないかというくらいだそうで、「人の心も読めた」と振り返る。

もちろん死の恐怖とも隣り合わせで、「二度としたくない」と笑うが、即身仏になる過程で行者らは、彼が感じた〝超能力〟以上の感覚を終始持ち得たのかもしれない。

松尾芭蕉の句にも詠まれた厳しい〝禁則〟とは

といっても、挑戦したすべての僧が即身仏になれるわけではない。修行の途中で病気や怪我などで絶命する行者は無数に存在したし、たとえ入定までたどり着けたとしても、〝ミイラ〟の姿までたどり着くことはできず、朽ち果てた行者もいる。湯殿山に人知れず眠る修行僧の数は相当なものだという。

現在でも湯殿山は三山の中でもとりわけ禁則が厳しく、湯殿山神社本宮を参拝するには一般の人でも、まず裸足になってお祓いを受けなくてはいけない。その後、ご神体を詣でに行く。

そして、この道中で見聞きしたものは、決して口にしてはいけないのだという。松尾芭蕉もこの地で**「語られぬ　湯殿にぬらす　袂《たもと》かな」**という句を残している。もちろん、撮影も禁止だ。

無念の僧侶の魂が多く眠るからだろうか。この地には怪奇現象が数多く起こり続けているともいう。それだけに、土地のエネルギーも増幅されている。巡るだけでなみならぬパワーを得たような気持ちにさせられる、霊力溢れるパワースポットであることは間違いない。

日光東照宮

［にっこうとうしょうぐう］

栃木県日光市

徳川家康が陰陽道、密教の叡智をつぎ込んだ地

総工費は約四百億円。日光東照宮を訪れた多くの人々は、その豪奢な造りに目を奪われる。だがその裏には、仏教的・呪術的な意味を持つ、徳川家康の緻密な計画が隠されているのである。

（写真は陽明門）

徳川家康公の霊廟として創建された**日光東照宮**で有名な日光も、強力なパワースポットの一つだ。

徳川家のイメージがあまりにも強いこの地だが、そもそもこの地は東照宮が建立される以前から、関東でも屈指の修験道の霊場だった。家康はそのことを熟知していた。さらに、偶然にも日光東照宮のおかれた恒例山《こうれいざん》は、江戸城のほぼ真北に位置していた。「天の中心に位置する不動の星」という意味合いから、家康は北極星を非常に愛好していたという。だからこそ、自分の亡骸をこの地に安置するように命じたのだろう。

そして、この**東照宮に、徳川家が持つ陰陽道や密教の叡智のすべてをつぎ込んだ。**

❖仏教信仰と呪術――信長と秀吉になくて家康にあったもの

歴史を語る際に、**「織田信長と豊臣秀吉になくて、徳川家康にあったものは、仏教信仰と、占術・呪術に対する関心だった」**とはよく語られることだ。江戸の町造りにおいて、家康は天海という怪僧を起用したが、それは自分の墓所においても同様だった。

家康が没したあと、天海は霊廟・東照宮を造る際に、この建造物を北極星に見立て、日光にある主要なスポットを北斗七星のように配置し、結界を張った。確かに、東照宮を起点にして見ると、二荒山《ふたらさん》、徳川家光が眠る大猷院《たいゆういん》、天海が眠る慈眼堂《じげんどう》、輪王寺、四本龍寺、星の宮と、北斗七星にしか見えない配置となっている。

また東照宮の建築美は絢爛豪華な彩色美も魅力だが、この理由は万物を構成するとされる陰陽五行に基づく色、木（青）、火（赤）、土（黄色）、金（白）、水（黒）からきているといわれている。いわゆる魔除けだ。

東照宮内には、有名な「見ざる・言わざる・聞かざる」の三猿をはじめとする、五百七十三体もの木彫像があるが、この木彫りにもそれぞれに意味が込められており、ご神木や参道の配置などにも神経が注がれているという。

そのため、東照宮を建立する際に用いた総工費は約四百億円。完成までにのべ四百五十四万人の作業者が携わったという。

❖徳川幕府三百年の治世を護り続けたパワー

こうして徳川家が場所を厳選し、威信をかけて造り上げた仏閣だ。パワーがないわけがない。

実際、東照宮内には多くのパワースポットが存在するとされており、最も強力な地点として有名なのは、家康公のお墓とそこへ向かう道である。

そのほか、江戸城のちょうど真北にあたる、「北辰の道の起点の地」（陽明門の前にある唐銅鳥居《からどうとりい》の前。陽明門の中心と、唐銅鳥居の中心を結んだ線上にある。石畳の後ろから数えて三枚目前後が目安）、家康公を護っているとされる「眠り猫」に、願いを叶える力があると伝えられる奥社の**「叶杉」**など、挙げていくと枚挙に暇がない。

何気なく通る各鳥居や、小道、階段、ご神木にもまんべんなくパワーが宿っているというのだから、どこにスポットがあるか、知識がなくてもパワーがチャージできるといってもいいかもしれない。

❖龍脈が流れ出す場所——二荒山神社

時間が許すなら、ぜひ足を伸ばしてほしいのが東照宮の隣に位置する**二荒《ふたら》山神社《さんじんじゃ》**だ。

背後にそびえる男体山、女峰山、太郎山の日光三山をご神体にした神社で、七六六

二荒山神社の拝殿。日光三山がご神体だ

（天平神護二）年に勝道上人《しょうどうしょうにん》によって開かれた由緒をもつ。

二荒山神社は、女峰山や日光白根山、中禅寺湖、そして男体山からの龍脈が流れる場所に建つとされ、その神域は日光連山や華厳の滝、いろは坂までも含まれるほど広域だ。当然、こちらにもいたる所にパワースポットが点在する。

最もパワーが強いとされるのは、やはり東照宮からつながる参道だ。この参道を通って東照宮へパワーが流れ、さらには東京へと流れ込むのだという。

また、境内の神苑の奥にある霊水も、パワーが強い。水に手をひたすだけで、穢れを流し、清いものを吸収しているような気になる。眼病や若返りにも効果があるとされ、ボトルに入れて持ち帰る人も多い。

❖徳川家の埋蔵金が東照宮に眠っている!?

ところで、東照宮には面白い都市伝説がある。〝**徳川家の埋蔵金が東照宮のどこかに眠っている**〟というものだ。その根拠は、童謡「かごめかごめ」の歌詞にある。まず歌詞を紹介しよう。

「かごめかごめ／籠の中の鳥は／いついつ出やる／夜明けの晩に／鶴と亀が滑った／後ろの正面だあれ？」

徳川家に縁のある寺を結ぶと六芒星の形になるという話は有名だが、「かごめかごめ」の籠の目の部分は、この六芒星を指しているという。さらに歌詞は「籠の中の鳥は」と続くが、これは「六芒星の中の鳥居」を意味するとされ、東照宮は奇しくも六芒星の中に位置しているのだ。

さらに、歌詞には「夜明けの晩に／鶴と亀が滑った」とある。これは東照宮にある鶴と亀の銅像が朝日に照らされて指し示す影で、さらに**「後ろの正面だあれ？」**とは、**影の先にある家康の墓の裏にある祠を示唆している**というのだ。ちなみに、この祠には上部の三角形が欠けた六芒星が記されている。

祠には財宝だけでなく、日本建国に関わる史料までが秘されているという。もちろん単なる〝噂＝都市伝説〟にすぎない。しかし、金鉱脈の上には、ほぼ聖地やパワースポットが位置している事実を考えれば、あながち馬鹿にできない〝噂〟ではないだろうか。

鹿島神宮［かしまじんぐう］

茨城県鹿嶋市

荒ぶる大地を鎮める〝パワー・ストーン〟とは

「武道守護」「国家鎮護」の御神徳があるという鹿島神宮。日本国を災厄から守っている「要石」が敷地内にあるほか、「鹿島七不思議」など、興味深い言い伝えも数多く残っている。

（写真は楼門）

鹿島神宮は、全国約九百社の鹿島信仰の総本社で、常陸国《ひたちのくに》の一之宮の称号を持ち、パワースポットとしても有名な神社だ。

社伝によると、創建されたのは紀元前六六〇（神武天皇元）年。祭神は、猛々しい雷神である「タケミカズチノ神」だ。日本神話の「国譲り」の際、オオクニヌシノ神との交渉役として、また大和朝廷の建国にも尽力している。御神徳に「武道守護」や「国家鎮護」が挙げられるのは、そのためだ。

そのタケミカズチにあやかろうと、古くは諸大名や武士たちが競って参詣したという。今でも武道家をはじめ、勝運を求めるスポーツ選手らから篤い信仰を受けている。

ちなみに『古事記』によると、タケミカズチは、イザナミノ神の陰部を焼き、死に至らしめた火の神・カグツチノ神の首を、イザナキノ神が斬り落としたときに剣から滴り落ちた血から生まれたという。〝**剣神**〟と称されるのは、この数奇な出生も起因しているのかもしれない。

❖地震を起こす〝大ナマズ〟から日本を護るという「要石」

さて、鹿島神宮が国家鎮護の社としても崇敬を受けるその要因の一つに**「要石《かなめいし》」**の存在が挙げられる。鹿島神宮には「鹿島七不思議」と呼ばれるいわれがあるが、要石の存在はその筆頭に挙げられるミステリーだ。**「地震を起こす大ナマズの頭を打ち付けている」**とのいわれをもつ神石で、要石の霊力によってこの近辺は地震の多い場所ながら、さほど大きな被害を受けていないのだという。

木の柵越しに要石を見ることができるのだが、そのあまりの小ささに拍子抜けするかもしれない。漬物石くらいの大きさで、少し掘るとすぐに持ち上げられそうにも見える。しかし**見えている部分はほんの一部で、その本体は地中深くにまで達している**とのこと。

徳川光圀《とくがわみつくに》の『水戸《みと》黄門仁徳録《こうもんじんとくろく》』によると、あまりにも巨大で、七日七晩かかっても掘り

大ナマズの頭を打ち付けているという「要石」

きれなかったという。

このときの逸話が実に不思議だ。徳川光圀は、この要石の周りを数十人の農民に掘らせたのだが、掘っても掘っても翌朝にはその掘った穴が埋まってしまっている。なんとか穴を埋められないよう画策するも、今度は怪我人が続出し、作業を中断してしまったというのだ。

もともと要石には、「鹿島の神が降臨した磐座《いわくら》」として祀られていたとのいわれもあるようだ。古来より人々を畏怖させ、惹き付ける〝何か〟がこの要石にはあるのだろう。

この場所を**〝常陸国最大のパワースポット〟**として挙げるスピリチュアリストも少なくないが、確かに手をかざすと、じんわりと温まってくるように感じられる。

❖干ばつでも涸れることがない不思議スポット「御手洗池」

鹿島神宮にはもう一つ、見落としてはならないスポットがある。「御手洗池《みたらしのいけ》」だ。

もちろん、「鹿島七不思議」の一つだ。**「古来より老若男女、誰が入っても同じ高さ**

霊水をたたえた御手洗池。干ばつでも涸れることがないという

で、**水面が乳を越えることがない**」という不思議な伝説を持ち、干ばつでも涸れることがないというのだ。今でも一日四〇〇キロリットル以上の水が湧き出ているという。

この霊水は持ち帰ることもできる。この御手洗池の脇、古木の根元に四角く囲われた岩穴がある。三〇センチくらいの大きさで、水が溜まっている場所から柄杓を使って水が汲める。

「山水のため、沸騰させてから飲んでください」との注意書きがあるが、筆者は「自己責任だ」と、そのまま飲んでみた。甘く口当たりのいい美水だった。もちろん、この水にもパワーが宿っているそうで、わざわざ汲みにくるリピーターも多い。ぜひぜひ体感していただきたい、パワースポットである。

この他にも、現在は地中に潜ってしまったため消失してしまったが、かつては確かに存在した、高天原の松林から湧き出る川とされる**「末無川《すえなしがわ》」**。拝殿の東にあったものの、現在は枯れてしまった作物の豊凶などを占う**「藤の花」**。潮の音の響きが北に聞こえると晴れ、南に聞こえると雨が降るという鹿島灘の**「海の音」**。

そして、何度切り倒しても切り株から新芽が出て枯れることのないという**「根上がりの松」**と、この松の切れ端で作ったヤニの出ない**「松の箸」**などがあるのだという。

ちなみに、この「根上がりの松」は高天原にも生えているのだという。関東にありながら高天原の痕跡がこれほど残る神社は珍しく、なかなかに興味深い。

香取神宮［かとりじんぐう］

千葉県香取市

「日本国土平定の神」を祀る“もう一つの宮”

「武神」を祀る神社として、鹿島神宮とともに語られることの多い香取神宮。鹿島神宮同様、境内には「要石」が存在する。最もパワーの強い奥宮をはじめ、エネルギーに溢れた魅力的な聖地だ。

（写真は拝殿）

利根川をはさみ、鹿島神宮と向かい合うようにして位置する**香取神宮**の創建は紀元前六四三（神武天皇一八）年。出雲の国譲りの神話の立役者、フツヌシノ神を祭神に持つ下総国《しもうさのくに》の一之宮で、関東地方を中心に全国に約四百七十社ある香取社の総本社である。

フツヌシは、『日本書紀』によると、鹿島神宮に祀られているタケミカズチノ神と同じく、イザナキノ神がカグツチノ神を斬り殺したときに滴った血から誕生したといういわれを持ち、タケミカズチと協力して国譲りを成功させている。『古事記』にもその名前がないわけではないが、こちらではタケミカズチの剣「フツノミタマ」として登場するようだ。

剣とはいうが、フツノミタマがもつ霊力は大変なもので、タケミカズチはこの剣を用いることで日本の国土を平定できたというし、神武天皇が熊野の山中で危機に陥った際も、この剣の霊力が、劣勢から勝利へ導いている。

また、スサノオノ命がヤマタノオロチを退治した宝剣「十《と》握《つか》の剣《つるぎ》」だという説もあるようだ。そのため、邪気を防ぐ霊力があるとされ、宮中の鎮魂の儀などにも用いられてきた。実際、この剣は鹿島神宮に奉納されており、〝破邪の剣〟として出世、開運招福だけでなく、厄除けや憑き物祓いにも霊験を発揮するという。

❖天下太平をなした〝武神〟として朝廷が崇敬

香取神宮と鹿島神宮には共通点も多い。まず**「神宮」の名称**だ。現在、社号に「神宮」を使っている神社は明治神宮や平安神宮、霧島神宮など十社を超えるが、平安中期に編纂された全国の寺社一覧『延喜式《えんぎしき》』では、伊勢神宮以外に「神宮」の称号が認められたのは鹿島神宮と香取神宮の二社のみだった。東の地の要所として、古来より朝廷から特別の崇敬を受けてきたのだろう。

祭神が共に**天下太平をなした「武神」として信仰を集めた**点も、鹿島神宮と同じだ。香取神宮の現在の本殿・楼門・祈禱殿などは徳川綱吉が建てたもので、諸大名や武芸者が競って参拝したという。

そして、この二社は後に藤原氏の始祖になる中臣鎌足《なかとみのかまたり》の氏神として祀られてきたと

香取神宮の要石は大ナマズの「尾」を押さえているという

いう経緯から、大化の改新後に奈良の春日大社へ分霊されている。この分霊の際、ご神体を運んだのが**神鹿**《しんろく》だ。

つまり、奈良公園周辺でよく見かける鹿は、このときの鹿たちの子孫にあたる。そのため、鹿島神宮にも香取神宮にも「鹿苑」が存在し、奈良のような〝自由〟さこそないものの、可愛らしい鹿の様子を見て楽しむことができる。

❖香取神宮の〝要石〟は鹿島神宮のそれとつながっている!?

そして最大の共通点は、境内に鎮座する**「要石」**の存在だろう。

大きさは直径三〇～四〇センチ程度。鹿島神宮の要石を思わせる大きさだが、決定的に異なる点は、形だ。**鹿島神宮の要石が凹形**をしているのに対し、**香取神宮の要石は凸形**をしているのだ。実はこの二つの要石は、地中で繋がっているといわれ、伝説によると鹿島神宮の要石が大ナマズの頭を、香取神宮の要石は尾を押さえて関東を守護しているという。

この要石について、友人のスピリチュアリストは**「要石の前に立っただけで、ビンビンとエネルギーを感じた」**と、興奮気味に話してくれた。

香取神宮のパワースポットといえば、境内の**「三本杉」**も外せない。三本杉は、拝殿に向かって左にある巨木だ。

源頼朝の祖先にあたる源《みなもとの》頼義《よりよし》公が参拝した折、「天下泰平、社頭繁栄、子孫長久、三つの願い成就せば此の杉自ら三岐に分かれん」と祈願したところ、一株の杉が三岐に分かれたという伝説を持つ。

「三本杉」と呼ばれるようになったのはこのためで、〝心願成就の木〟だと、遠くから祈願に訪れる人も少なくない。

源頼義の祈願により、三岐に分かれたという三本杉

❖フッヌシの〝荒魂〟に「気あたり」することも

そして、香取神宮のパワースポットとして忘れてはならないのが、「奥宮」だ。この奥宮には、フツヌシノ神の荒魂が祀られているのだという。

荒魂とは神の荒ぶる魂である。人間にとってはしばしば恐ろしい災厄をもたらすが、別の角度から見ると原初的なパワーをもつともいえる。

強すぎるパワーに、中には〝気あたり〟して体調を崩す人もいるそうだが、香取神宮に月に一度は訪れるという友人は「本殿より先に訪れたほうがいい」と話してくれた。

ところで、鹿島神宮と香取神宮に、茨城県神栖《かみす》市の息栖《いきす》神社を加えた三社を、**「東国三社」**と呼ぶ。**「三社回ると、ご利益がアップする」**と地元では有名なのだという。

さらにこの三社は地図上でトライアングルを作っていて、この中では様々な不思議な現象が起こる、と語られている。香取神宮、鹿島神宮の参拝にあわせて、この息栖神社に足を伸ばしてみるのも面白いかもしれない。

諏訪大社《すわたいしゃ》

長野県諏訪市

神秘の湖に刻まれる
〝吉凶のサイン〟とは？

『古事記』にも登場する神社である諏訪大社は、上社で男神、下社で女神を祀っている。その二神の逢瀬のたびに、付近の諏訪湖にはある〝神秘の証〟が残されるというが……。

（写真は下社）

信濃国《しなののくに》の一之宮・諏訪大社《すわたいしゃ》は、『古事記』にも登場する日本最古の神社の一つだ。
平安時代に編纂された歌謡集『梁塵秘抄《りょうじんひしょう》』に「関より東の軍神、鹿島、香取、諏訪の宮」と謡《うた》われている。

さて、諏訪大社は四つの宮で構成されている。四宮は、諏訪湖を挟んで南側に上社《かみしゃ》前宮《まえみや》、上社本宮《かみしゃほんぐう》、北側に下社春宮《しもしゃはるみや》、下社秋宮《しもしゃあきみや》が位置する。祀るのは、タケミナカタノ神とヤサカトメノ神だ。

二柱は夫婦神で、上社はタケミナカタを、下社はヤサカトメを主な祭神にもつ。そのため、上社には男神、下社には女神の信仰が伝わっているようだ。

ところで、この四宮はいずれも拝殿のみで神殿がない。さらに、上社本宮と下社春宮・秋宮は本殿を持たない。

上社本宮は背後にそびえる守屋山《もりやさん》を、下社春宮はご神木の杉の木を、下社秋宮も同じくイチイの木をご神体にしているが、自然そのものを〝ご神体〟とするのは、確かに古代の信仰の形そのままだといえよう。

湖の氷が盛り上がる「御神渡り」は、神々の逢い引きの跡なのか

❖御神渡り――〝上社の男神〟が〝下社の女神〟へ渡った跡

　こういった信仰の跡は、諏訪湖の**「御《お》神《み》渡《わた》り」**という言葉からもうかがえる。

　御神渡りとは、諏訪湖一面に張った氷が、冷え込みによって山脈のように盛り上がる現象だ。氷の厚さが一〇センチ以上あり、かつ零下一〇度以下の冷え込みが数日続くといった条件が必要で、「御神渡り」が起こると**「上社の男神が下社の女神のもとへ渡った跡だ」**と、その状態を見て吉凶が占われるのだという。

　四宮の祭儀にしてもそうだ。たとえば、寅《とら》年と申《さる》年に行なわれる神事**「御柱祭《おんばしらさい》」**。四つの宮の境内に四本の巨木の柱が建てられるのだが、**この柱は人間と神様が交信するためのアンテナで、降臨してくる神霊を祀るためのもの**だという。

❖なぜ「国譲り」で負けたタケミナカタを〝軍神〟に祀るのか

さて、諏訪大社が祀るタケミナカタは、オオクニヌシノ神の息子である。鹿島神宮が祀るタケミカズチノ神がオオクニヌシに国土の譲渡を迫ったとき、最後まで反対をした神で、このときタケミカズチに戦いを挑んでいる。

結果、相手にならず惨敗。ほうほうのていで逃げ出し、諏訪まで追いつめられ、この地から出ないことを条件にタケミカズチから許される。その後、諏訪に落ち着いたタケミナカタは、妃神ヤサカトメと御子神・十三柱とともに信濃を開拓したと伝えられる。

こう聞くと「諏訪の人々は敗れた神を奉っているのか」と思われるだろう。しかしこの逸話は、政権をとった大和朝廷側が〝大げさに書き立てたもの〟と目する研究家のほうが多いようだ。

諏訪信仰の神社は全国に一万あまりあるが、これはタケミナカタを「武神」として崇めた武士が、全国に散らばった結果だともいわれている。ちなみに、この諏訪大社に武運や国家安泰を祈願した武家は、源頼朝をはじめ、北条家、足利家、武田家、徳川家と錚々《そうそう》たる顔ぶれである。

とはいえ、地元の人々にとっては、諏訪大社の神様は土着の龍神信仰と一体化した水の神であり風の神であり、豊穣をもたらす農業神であった。

〝ユダヤ民族の信仰〟と深い関わりがある!?

さて、諏訪大社の社格に序列はないが、時間が足りず、一社しか参拝できないときは、筆者は迷わず「上社本宮」に足を運ぶ。

先にも書いたが、上社本宮は背後の守屋山をご神体にもつ神社だ。この**守屋山は「古代ユダヤ民族の信仰と深い関わりがある」**とも噂される不思議な山で、奇妙な逸話も多い。また、この社は信濃国一之宮で、敷地面積も四宮の中で最大。重要文化財に指定されている建造物も多い。

特に見逃さないでいただきたいのは、重要文化財である勅使門《ちょくしもん》、通称「四脚門《しきゃくもん》」だ。「守屋山に向かって祈願するために」と徳川家康の手によって建てられたという由来だけでも価値があるのだが、門の横から神が降りてくるための磐座《いわくら》「硯石《すずりいし》」を参拝することができるのだ。実は、この硯石こそ真のご神体だという説もある。

御柱祭。柱は降臨してくる神霊を祀るためのものだという

❖神木と御柱のパワー

もちろん、下社の春宮と秋宮も木々のエナジーに溢れたパワースポットだ。「初詣に行ったら、妖精が撮れたよ」と写真を見せてきた友人がいたが、彼が「妖精を撮った」と話した場所は、下社春宮だった。

「下社両社の中で、もっともパワーのある場所は？」と聞かれたら、やはりご神体である、両社それぞれの神木と答えるだろう。とにかく圧倒的な存在感で、静かに佇んでいる。

そして、寅年と申年には、宝殿を新築し、社殿の四隅にあるモミの木を建て替える**「御柱祭」**が行なわれるので、じっくり眺めてみてほしい。〝四方に四本、ただ木を建てた〟――たったそれだけのことなのに、その場の気がピンと張りつめ、神域となる。古代日本人の叡智が、じんわりと伝わってくるはずである。

❖信濃国に「神無月がない」理由とは？

ところで、諏訪には、次のような民話が残っている。

日本の神々は毎年十月になると出雲の国に集まり、国中の縁結びの相談をすることになっている。十月を「神無月」と呼ぶのも、出雲以外の国の神様がその土地を留守にしてしまうためだ。

ところがある年のこと、信濃の国・諏訪の龍神の姿がどこにもない。待てどくらせどやってこない龍神に、出雲にすでに集まっていた神々は、「信濃の神様はどうした。いつまで待たせる気だ」と、騒ぎ出した。すると天井から、

「私はここだ」

という大きな声がした。神々は天井を見上げ、真っ青になった。というのも、天井の梁《はり》に巨大な龍が巻き付き、真っ赤な舌を出していたからだ。

「信濃国は遠いので、この姿でやってきた。私の体はこの家を七巻き半しても、まだ尾は信濃の尾掛《おかけ》の松にかかっている。部屋に入って座ろうとも思ったが、神々を驚かしても悪いと思って天上にはりついていた。何なら今からそこへ降りていこう」

天井から降りようとする龍神に神々は、

「いえいえ、それには及ばない。確かに信濃は遠かろう。今後、相談はこちらから出向くから、国にいてくれ」

と、慌てふためいた。

「そうか、それはありがたい」

龍神は黒雲に乗って信濃国の諏訪湖へと戻り、湖の底深くに姿を消した。そのため、

信濃国には〝神無月はない〟そうだ。

浅草寺［せんそうじ］

東京都台東区

「雷門」で有名な名所に隠された真実

海外からの観光客にも人気のスポット・浅草寺。大衆に開かれたイメージがある一方で、その本堂には住職ですら見たことのない「秘仏」が納められているという。国際的な寺院にも、何やら隠された秘密がありそうだ。

（写真は雷門）

東京きっての観光地・**浅草寺**は、地元だけでなく、全国各地に住む多くの〝庶民〟に親しまれてきた古刹《こさつ》である。

「雷門」と書かれた大きな赤い提灯や仲見世のにぎやかな光景から、現在は多くの外国人参拝者を集める、日本で最も国際的な寺院だが、**東京でも有数のパワースポット**なのだという。

巻末の対談に登場する霊能力者の小林世征《としまさ》氏も**「特に本堂にあるお賽銭箱の上にいる木彫りの龍の真下、伽藍《がらん》の中から圧倒的なパワーを感じる」**と話すが、寺の縁起からして不可思議なミステリーがつきまとう。

浅草寺のはじまりは、六二八（推古天皇三十六）年。隅田川で地元の檜前浜成《ひのくまのはまなり》と竹成《たけなり》の兄弟が漁をしていたところ、網に一体の聖観音像がひっかかった。大きさは一寸八分（五・四センチ）と小振りだったが、黄金像だったため、兄弟は土地の豪族・土師中知《はじのなかとも》の元へ持ち込み、祀ってもらった。

そして、その約二十年後の六四五（大化元）年、この土地に錫杖《しゃくじょう》をとどめた勝海上人《しょうかいしょうにん》が夢のお告げによって、この地に観音堂を建立し、秘仏と定めたのだという。

❖住職さえ見たことがない〝浅草寺の絶対秘仏〟とは？

ここからがミステリーだ。この観音像、以後、何人も決して目に触れてはいけない「絶対秘仏」として伝えられているのだ。もちろん〝秘仏〟として公にしないご本尊は少なくない。しかし浅草寺の場合、観音像を納めた厨子《ずし》は固く閉ざされており、住職でさえも目にできないのだという。

歴代の住職の中には、身を清めた上で厨子の扉を開いた者もいた。しかし、にわかに目の前が暗くなり、観音像を目にすることができなかったという。明治の廃仏毀釈《はいぶっきしゃく》の際に役人が無理矢理開けようとした際は、須弥壇《しゅみだん》にのぼった役人の一人が突然転落死するという事件も起きた。

そして、この観音像が納められている場所こそ、小林氏が〝圧倒的なパワーを感じる〟といった、「本堂＝観音堂」なのである。

とはいえ、この観音堂は幾度も火災に遭っており、一九五八年に再建されている。その間も、厨子は固く閉ざされたままであった。もし、中身が黄金像だとすれば、高熱で溶けてしまっている可能性が高い。

しかし、非公式ながら〝観音像を見た〟という報告がいくつかある。その一人は徳川のある将軍。強引に扉を開けさせたところ、中にはなんと金龍の目貫《めぬき》（日本刀の刀身と柄とをつなぐ釘）が入っていたという。

また、毎日新聞社刊の『ふるさとのなぞ・I』によると、一八六九（明治二）年に、天皇の勅命によっても開帳されている。このときは、厨子の奥に鎮座していたのは、奈良時代のものだと思われる二〇センチ大の青銅の菩薩像だったという。

さらに、矢田挿雲著の『江戸から東京へ〈三〉』（中央公論社刊）には、さらに詳しい話が記載されている。廃仏毀釈の際の役人による臨検事件の直後、住職だった惟雅《ゆいが》僧正は「寺をあずかる身としては、ご本尊の実体ぐらいは知っておかないといけない」と、目がつぶれることを覚悟して秘仏を確認した。

すると、秘仏は厨子の中ではなく、その裏板の間に隠された仏像の体内に封じられていた。仏像から出てきたボロボロの布切れを丁寧にめくると、一寸八分（約五・五センチ）の、白金の聖像が出て来た。白金は金とは違い、千七百度の高温まで耐えることができる。火災にあってもその形を維持することは可能だ。この報告こそ、真実なのかもしれない。

宝蔵門（旧称・仁王門）と東京スカイツリー

❖京都の愛宕山からテレポートしてきた男

ところで、浅草寺には不思議な話もある。

浅草寺の参道入口には、左右に雷神・風神を配する大きな雷門が建つが、ここで**江戸時代に〝テレポーテーション騒動〟が起きた**というのだ。

一八一〇（文化七）年の夏、この門の下に、突如全裸の男が出現した。降って湧いたかのように現われた男に、周囲の人々は驚き「どこから来たのか」「どうやって現われたのか」と、問いただした。

すると男は、「私は京都に住む安次郎と申す者ですが、京都の町外れの愛宕山へお参りに行ったはずが、気がついたら裸でこんな所に立っていました」と答える。

男の供述を役人が検証すると、確かに三日前に愛宕山へ登ったきり行方不明になっていたことがわかった。

「こんな不思議なことがあるのか」

と、役人は首をひねったが、〝天狗の仕業だ〟として、事件を処理したという。ちなみに前述した通り、愛宕山は天狗伝説でも有名な聖地である。

浅草寺には、記紀など皇室にまつわる縁起や、多くの僧侶が修行したといういわれはない。しかし、〝不可思議なパワーが潜んでいる〟――。これだけは確実にいえるだろう。

〈並木伸一郎×エスパー小林〉スペシャル対談

ここが「本当の聖地＝パワースポット」だ！

テレビや雑誌、著書などでパワースポットについて言及している霊能力者「エスパー小林」こと小林世征氏に「聖地＝パワースポット」を日本地図上で念視してもらった。はたして小林氏（以下エスパー）に視《み》えた「聖地」とは……。

●日本地図上で、パワースポットを念視する

日本全図の地図を渡すと、エスパーはおもむろに左手人差し指と中指を自身の額《ひたい》中央にかざし、右手のひらを地図すれすれに滑らせ念視をはじめた。

「パソコンの地図だとダメです。電磁波の影響ですかね。微妙にズレてしまう」

滑らせていた手の動きが小刻みになったかと思うとエスパーの額の中央が赤くなり、そしてスッと凹んだ。

〝感知〟したしるしである。

小林世征
（こばやし・としまさ）
通称、エスパー小林。東京都生まれ。眉間に「第三の目」を持つ本物の霊能力者。霊験あらたかなパワースポットに詳しく、iPhoneアプリ『発掘！　新パワースポット』を監修。その卓越した除霊能力、予知能力により、政財界、芸能界にファン多数。病気の気功的治療、開運相談、個人・企業の将来展望のアドバイスを行なう。テレビ、ラジオ出演、講演など幅広く活動中。

「ここですね」

そこはゼロ磁場（N極とS極の磁気がお互いに打ち消しあい、拮抗《きっこう》して動かないところ）として有名な長野県伊那市のパワースポット〝分杭峠《ぶんくいとうげ》〟に近かった。

「西南の……このあたり。分杭峠より確実に強いパワーを感じます」

地図に手をかざすエスパー小林

そこは飯田近辺。これまで知られていないパワースポットだった。

「まだ誰も発見していないと思います」

手のひらを滑らせながら、エスパーがつぶやいた。

並木（以下、並）：「手に何かを感じるんですか？」

エスパー（以下、エ）：「ええ。自分でも正直、理由がわからないけど、こうやって地図の少し上のあたりで手を滑らせていると、あるポイントで〝グーン〟と何かが押し上げてくるような圧力を感じるんです」

そこで、エスパーが指摘した地点をパソコンで検索すると諏訪神社があった。そこは〝大平宿諏訪神社《おおだいらじゅくすわじんじゃ》〟といわれている。その周辺に古代の祭祀跡など、〝何かがある〟とエスパーは言い、さらに中央構造線上を手で探っていく。

エ：「香取神宮から強いパワーを感じますね。先ほどの分杭峠も、です。伊勢神宮の瀧原宮も強い。高野山もピンポイントで感じます。そもそも空海は間違いなく霊能力者ですからね。彼は本物です」

並：「空海は〝今も生きている〟といわれているようですが、どうですか？」

エ：「肉体は消滅していますが、精神的には生きています。彼は完璧な、本物の霊能者です。空海と役行者、この二人は確実に。実際、高野山の奥之院は妖気が漂っていました」

並：「そういえば、エスパーは役行者系の霊能力者だそうですね」

エ：「はい、母方の血筋が役行者の流れらしいのです。視る人が視ると、すぐにその関係の人間だとわかるそうです。僕のこの額に手をやる方法も密教のスタイルだそうで、スイッチを入れるときに自然にとってしまうポーズですが〝それ、密教のやり方だよ〟って言われますね。いっさい習ったことがないですけどね」

並：「幣立神宮はどうですか。〝地球のヘソ〟といわれていますが……」
エ：「うーん、場所によるかな」
　そこであらかじめ、用意していた幣立神宮の写真を差し出すと、エスパーはそれを机に並べて念視をはじめた。右手が滑りだし、すぐに止まる。
エ：「**幣立神宮のこのご神木は本物です。**ゾゾッときた。すごくパワーがある」
並：「こういった場所でパワーを効率的にもらうために、対象物に手をかざすなどすると、ご利益をいただけるのでしょうね」
エ：「そばに行くだけで十分です。あとは、できれば写真を撮って持ち帰る。携帯電話の待ち受け画面にするといい。ご神木だったら落ち葉を拾ってもいいでしょう。それにしても、このご神木は効きますよ。ご神木といえば、屋久島《やくしま》の縄文杉は見た瞬間に〝これは本物だ〟と思いました。行く価値があるでしょう」
　次に、パワースポットとして注目を集める分杭峠をネットの画像から視てもらう。
エ：「うーん、滝の右奥上が感じるけど……。残念ながらピンポイントでいい場所が

エスパー小林（右）と筆者（左）

写っていない。ただ〝パワーを感知できる人〟が撮ると、シャッターが落ちない可能性がありますね。**電磁波が強いところはシャッターが落ちない**」

並：「そういえば友人が分杭峠で写真を撮ったら、紫の色の輪が映ったそうです」

エ：「磁場が強いとそうなるでしょうね。幣立神宮もそうです。林の中を撮ると霞んだりする」

●知られざる「東京のパワースポット」

並：「都内でおすすめの場所は？　以前話を聞いたときは、浅草の浅草寺と待乳山聖天《まっちやましょうでん》がおすすめだと聞きましたが」

エ：「そうですね。ただ、浅草寺だったらここ、というポイントがあります」

並：「浅草寺だと、どのあたりに？」

エ：「お賽銭箱があって、その上に木彫りの龍がいる、その真下です。伽藍の中です」

並：「そこに立って、お参りをすればいいのですか」

エ：「そこに立つだけで、〝運気の温泉〟に入ったかのような効果があります。僕は待乳山聖天ばかりだけど。お正月には必ず初詣に行きます。子どもの七五三も全部あそこ」

並：「それは仏様のおかげ？　それとも場所ですか？」

エ：「場所でしょうね。浅草寺と待乳山聖天の距離を考えると、このあたり一帯が悪くないのだと思います。待乳山聖天のすぐ近くには、池波正太郎の生家跡もあるから、それで小説が売れたのだろうとすら思いますね。有名人の生地を見ると、結構いい場所で生まれ育った人が多いです」

並：「歩いていてエネルギーを感じる街はありますか？」

エ：「あります。たとえば銀座は総体的に土地のエネルギーがいい」

並：「確かに銀座は空気の色が違いますね。買い物もいい場所ですると、いいということですね」

エ：「そうです。だから〝銀ブラ〟って運気的にもいいんですよ。でも、銀座で本当によい場所は、帝国ホテルのラウンジ。最高です。そういえば、誰もが知る非常に成功している企業の社長さん、彼はあそこで年がら年中お茶をしているんだそうです。『それでか！』と、妙に納得しました。あと、帝国ホテルの隣のビルの、一階のカフェもいい。『あのあたりは、なぜあれほどいいのだろう』と知人に話したら、なんと明治時代に鹿鳴館《ろくめいかん》があったそうです」

並：「あー、それで今でも、紳士淑女のイメージがあるんですね。鹿鳴館も気の流れのいい地を選んで造られたのでしょう」

エ：「場所のエネルギーは本当に大きいです」

並：「最近できたスポット、東京スカイツリーはどうです？」

エ：「そばに、すごくいいスポットがありますね。以前、雑誌で取材したことがありますが、地図で『この場所』と指して行ってみたら、スカイツリーの出口で、駐輪場だった。編集者に冷たい目で見られましたが、地元の人に聞いたら、スカイツリーができるまで、その駐輪場の真上に神社があったそうです。編集者の態度がコロッと変わって『凄い、どうしてわかるの？』と言われました。パワーを感じるところは、かつて古代遺跡があったような気がします。その上に寺社が建てられたのではないかと」

並：「分杭峠のあたりは、縄文時代の文化が残っているというし、あるでしょうね」

エ：「縄文時代の遺跡には大変なパワーがありますからね。古代遺跡の上空にはUFOが出るといいますが、古代人はそれを感知する能力があったのでしょう。要は、僕のような人間がたくさんいたのだと思います。そういう人たちが死んだあと、その場に埋められ、思念も残っているのです」

都内にいながら〝富士山にのぼる〟のと同じ御利益が得られる⁉

並：「富士山が世界遺産に登録されましたが」

エ：「実は都内で、〝富士山にのぼる〟のと同じ御利益が得られる場所があります。渋谷区千駄ヶ谷の『鳩森八幡神社《はとのもりはちまん》』というところ。江戸時代、富士山は女人禁制でしたが、女性やなかなか富士山まで行けない人たちのために、溶岩や石をもってき

エスパーが太鼓判を押す超パワースポット
鳩森八幡神社の「富士塚」頂上

て、富士山を再現したという『富士塚』がある場所です」

並：「のぼるのは大変なのでしょうか？」

工：「いいえ、五分くらいでのぼって降りてくることができます。ここをのぼれば、完全に運気が上がる。霊感のない人間でもピリピリくるはずですよ。体を切ると血が吹き出るように、エネルギーが地面から上に出ている。3・11の震災のときに崩れて、一時は立ち入り禁止にもなっていました」

並：「それは凄い。境内の一帯がパワースポットですか？」

工：「富士塚の頂上が、ベストに近いでしょう」

並：「ほかには、どこかありますか？」

工：「あとは門外不出。内緒です。本当に首の皮一枚でつながっているような人にだけ〝しょうがないなあ〟と言いながら教えます（笑）」

●行ってはいけないパワースポット

並：「パワースポットとして有名だけど、行ってはいけない場所ってありますか？」

エ：「昔はよかったかもしれないけど、明治神宮の〝清正《きよまさ》の井戸〟みたいに、年月が経つうちに涸れるパワースポットもあるということですよ」

並：「そうそう、清正の井戸に、エスパーは否定的なんでしたね」

エ：「ここは今、欲望のオーラがもの凄い。不幸な人たちがいっぱい行くから、その負の感情が溜まってしまっている（笑）。僕が『ここぞ』と思うパワースポットをあまり紹介したくないのは、そんなふうに〝荒らされてしまう〟恐れがあるからです」

並：「そういえば、パワースポットにあるものは〝持ち帰ったらダメ〟だとよくいわれますが」

エ：「それは、いちいちみんなが何かを持ち帰っていたら、その場所が身ぐるみ剝がされてしまうからですよ。落ち葉くらいなら大丈夫でしょう。だいたい、昼と夜であれば夜、それも雨っぽい日の夜が、もっとも確実にパワーがチャージできるんです。ただ、その場合、その土地にあるエネルギーが悪かったら、増幅して体にとり込んでしまうことになる。だから僕はあえて教えない」

並：「だから〝早朝に〟とか、いうんでしょうね」

エ：「本当に効くのは、深夜、丑三つ時ですけどね。大地にとって昼間は吸収する時間で、夜は発散する時間です。ただ、僕は行かない。夜は僕も強いけれども、〝相手〟も強い」

並：「最後に、パワースポットはどれくらいの頻度で行くといいですか？」

エ：「僕はパワースポットは、人生のガソリンスタンドだと思います。人によって運のよし悪しはありますが、そもそものエネルギーがないとガス欠になって止まってしまう。このエネルギーをチャージする場所がパワースポットだと思います」

並：「たとえれば、効く栄養剤と効かない栄養剤。即効性のあるものと、じわじわ効くものがあるっていうことですか？」

エ：「そうそう、パワースポットとは栄養剤みたいなもので、強力なものだと眠くなったり疲れが一気にきたりもするでしょうね。点滴をうつようなものです。いきなりハイになることもある（笑）」

並：「あちこちを歩いて、自分に適した場所を見つけるべきだということですね。ところで、日本はパワースポットが多い。海に護られているし、立地的に凄くラッキーな上に、火山国だからプラスのエネルギーも多いと思います。地震は多いけど、それは大地のパワー、土地のエネルギーということなのかもしれない」

エ：「またそれを、われわれは〝神様〟と呼ぶのかもしれません」

【参考文献】『新版　古事記』中村啓信訳注、『古事記　ビギナーズ・クラシックス』角川学芸出版）／『密教の本』神代康隆ほか著、『修験道の本』、『陰陽道の本』、『古神道の本』、『神道の本』角川書店編（以上、角川水の本』、『図説　古事記と日本の神々』吉田邦博著（以上、学研パブリッシング）／『京都「魔界」巡礼』丘眞奈美著、『地図で読む「古事記」「日本書紀」』武光誠著、『「日本の神様」がよくわかる本』戸部民夫著、『神社の由来がわかる小事典』三橋健著（以上、ＰＨＰ研究所）／『日本の古代史ミステリー　謎解き散歩』新人物往来社編集、『図解　古事記と日本書紀』森村宗冬著、『地図とあらすじで歩く「古事記」』古川順弘著（以上、新人物往来社）／『日本の神社を知る事典』渋谷申博著、『地図で読む日本の古代史』「歴史ミステリー」倶楽部著（以上、三笠書房）／『京都・魔界マップ』、『一度は行ってみたい　絶景！　日本の聖地』（以上、洋泉社）／『図説　あらすじでわかる！　日本の神々と神社』三橋健著、『世界で一番ふしぎな「パワースポット」の地図帳』歴史の謎研究会編（以上、青春出版社）／『古事記は日本を強くする』中西輝政、高森明勅著（徳間書店）／『神話の世界をめぐる古事記・日本書紀探訪ガイド』記紀探訪倶楽部著（メイツ出版）／『古事記のコード』池田潤著（戎光祥出版）／『古事記の宇宙論』北沢方邦著（平凡社）／『日本のパワースポット案内』天野雅道監修（笠倉出版社）／『CREA Due Trip　47都道府県のパワースポット』（文藝春秋）／『本当は怖いパワースポット』（宝島社）／『面白いほどよくわかる日本の神社』渋谷申博著、鎌田東二監修（日本文芸社）／『神社のルーツ』戸部民夫著（ソフトバンククリエイティブ）／『日本の聖地99の謎』歴史ミステリー研究会編（彩図社）／『日本霊界地図』並木伸一郎監修（竹書房）／『倭人伝、古事記の正体』足立倫行著（朝日新聞出版）／『逆説の日本史〈1〉古代黎明編』井沢元彦著（小学館）／『京都魔界案内』小松和彦著（光文社）／『京都　恐るべき魔界地図』ミステリーゾーン特報班編（河出書房新社）／『卑弥呼伝説』井沢元彦著（集英社）／『東北ミステリーの旅』中岡俊哉著（みき書房）／『東北ミステリー伝説』佐藤有文著（サンデー社）／『東北ふしぎ探訪』伊藤孝博著（無明舎出版）／『フォッサマグナ・中央構造線を行く』棚瀬久雄著（創栄出版）／『レイラインハンター』内田一成著（アールズ出版）／『改訂版　日本史Ｂ用語集』全国歴史教育研究協議会編（山川出版社）／『神社辞典』白井永二・土岐昌訓編（東京堂出版）／『事典　神社の歴史と祭り』岡田莊司・笹生衛編（吉川弘文館）

本書は、本文庫のために書き下ろされたものです。

眠《ねむ》れないほど面白《おもしろ》い日本《にほん》の「聖地《パワー・スポット》」

著者　並木伸一郎（なみき・しんいちろう）
発行者　押鐘太陽
発行所　株式会社三笠書房
〒102-0072 東京都千代田区飯田橋3-3-1
電話　03-5226-5734（営業部）03-5226-5731（編集部）
http://www.mikasashobo.co.jp
印刷　誠宏印刷
製本　ナショナル製本

 ISBN978-4-8379-6691-3 C0130

王様文庫